全国“八五”普法学习读本系列

法律明白人
应知应会刑法处罚
实用手册

全国“八五”普法学习读本编写组 编

法律出版社
LAW PRESS · CHINA
北京

图书在版编目(CIP)数据

法律明白人应知应会刑法处罚实用手册 / 全国“八五”普法学习读本编写组编. -- 北京 : 法律出版社, 2022
ISBN 978 - 7 - 5197 - 6570 - 5

Ⅰ. ①法… Ⅱ. ①全… Ⅲ. ①刑罚 - 中国 - 通俗读物 Ⅳ. ①D924.135

中国版本图书馆 CIP 数据核字(2022)第 052930 号

法律明白人应知应会刑法处罚实用手册
FALÜ MINGBAIREN YINGZHI YINGHUI XINGFA CHUFA SHIYONG SHOUCE

全国“八五”普法学习读本编写组 编

策划编辑 沈小英
责任编辑 陈 妮 毛镜澄
装帧设计 汪奇峰

出版发行 法律出版社
编辑统筹 法治与经济出版分社
责任校对 晁明慧
责任印制 吕亚莉
经 销 新华书店

开本 A5
印张 7.75 字数 157 千
版本 2022 年 6 月第 1 版
印次 2022 年 6 月第 1 次印刷
印刷 固安华明印业有限公司

地址:北京市丰台区莲花池西里 7 号(100073)
网址:www.lawpress.com.cn
投稿邮箱:info@lawpress.com.cn
举报盗版邮箱:jbwq@lawpress.com.cn

销售电话:010 - 83938349
客服电话:010 - 83938350
咨询电话:010 - 63939796

书号:ISBN 978 - 7 - 5197 - 6570 - 5 定价:49.80 元
凡购买本社图书,如有印装错误,我社负责退换。电话:010 - 83938349

撰稿人

郭理蓉　许译丹

编写说明

2020年11月16日至17日召开的中央全面依法治国工作会议，明确了习近平法治思想在全面依法治国工作中的指导地位，这是我国社会主义法治建设中具有现实意义和深远意义的大事。习近平法治思想是马克思主义法治理论中国化的最新成果，是习近平新时代中国特色社会主义思想的重要组成部分，是全面依法治国的根本遵循和行动指南。

在习近平新时代中国特色社会主义思想指引下，为深入学习贯彻习近平法治思想，我们编写了《法律明白人应知应会刑法处罚实用手册》，以落实《中央宣传部、司法部关于开展法治宣传教育的第八个五年规划(2021—2025年)》，切实抓好普法学习宣传，维护好村民的劳动权益，解决其日常生产生活中的法律问题，增强其法治观念，提升其法治素养。"法律明白人"培养工作被纳入法治社会建设和乡村振兴总体规划，作为加快推进乡村人才振兴工作的重要内容，也是加强基层普法工作队伍建设、健全精准有效普法工作体系的重要举措。"法律明白人"应在宣传习近平法治思想、法律、法规、党的政策，引导法律服务，化解矛盾纠纷，提高法律意识，参与社会治理中发挥示范引领作用，以推动农村形成办事依法、遇事找法、解决问题用法、化解矛盾靠法的法治环境。

本书的编写特色与特点：

第一，近年来，我国刑法修改比较频繁，根据社会发展和现实生活需要，对原有罪名进行了部分调整，并增设了一些新罪名。本书在选择案例和罪名法条时主要考虑两点：一是挑选一些近年增设的新罪名以及与村民生活密切相关的案例，如危险驾驶罪、高空抛物罪、催收非法债务罪、帮助信息网络犯罪活动罪、电信网络诈骗犯罪、网络赌博犯罪、侵犯公民个人信息罪、负有照护职责人员性侵罪，以及非法猎捕、收购、运输、出售陆生野生动物罪等。二是重点关注一些在农村比较常见、多发的刑事案例，如交通肇事、重大责任事故、非法转让/倒卖土地使用权、非法捕捞水产品、污染环境、非法占用农用地、滥伐林木等。本书聚焦村民日常生产生活遇到的60个刑法问题，吸收司法经验和地方法治实践情况，是集法律法规与案例分析于一体的专业工具书。

第二，每个问题除设立"案例""法律分析""知识链接"等常规栏目外，特设"纠纷解决技巧"栏目，结合刑法处罚争议解决的实际情况，引导读者理性地看待纠纷、科学地解决纠纷。每页配有笔记区，供读者学习时做笔记使用。每个问题均配有试题，方便读者检验学习成果，增强阅读印象。同时，本书附一套测试题，用于"法律明白人"自测、任前培训、上岗考核使用。

第三,深入浅出地讲解法律问题,把法律术语转化为生活语言、群众语言,力求简洁、平易;文风精炼,详略得当,重点突出,让读者轻松读、看得懂。

普法宣传是一个长期、持续的过程,任重道远。2020 年 12 月,中共中央印发了《法治社会建设实施纲要(2020—2025 年)》,明确提出到 2025 年,“八五”普法规划实施完成,法治观念深入人心,社会领域制度规范更加健全,社会主义核心价值观要求融入法治建设和社会治理成效显著,公民、法人和其他组织合法权益得到切实保障。希望本书能为中国特色社会主义法治体系建设、乡村振兴战略实施、“法律明白人”培养、村民的权益维护发挥作用,作出应有的贡献。

全国“八五”普法学习读本编写组

2022 年 4 月

目 录

Contents

笔记区

▶ 1. "孩子小,不懂事"可以作为不承担刑事责任的理由吗?

案例

某县公安局"110"指挥中心接到居民报警:某家属楼内,夏某和其9岁的女儿、4岁的儿子被人杀害。警方侦查后确定,死者夏某的侄子小明有重大作案嫌疑。警方将小明抓获后,他对杀死姑姑、表弟、表妹的事实供认不讳。小明现年12岁,3岁时父母离婚,被爷爷、奶奶带大,假期开始寄住在姑姑夏某家,对姑姑的管教有较强的抵触情绪,并且在与表妹发生争吵时,因姑姑责备了他几句而心怀不满。事发当天下午,他放学回到姑姑家,因姑姑不在家,晚饭没有着落,小明顿生怨恨,便将放学回家的表弟、表妹杀害。还未来得及离开时,姑姑到家,于是他将姑姑杀害,匆忙清理现场后逃离。小明被抓获后,他的爷爷找到办案人员说:"他还是个小孩,不懂事,能不能不判他?"

法律分析

因未成年人对事情的辨认能力和控制行为的能力还不够成熟,法律在其刑事责任的范围上有一定限制。一方面,考虑到未成年人认知不成熟的特点,体现了对未成年

笔记区

人的保护；另一方面，刑法也要对社会其他成员的利益予以保护，不能放任未成年人为所欲为地侵害他人。刑法针对未成年人区分了 3 个不同的年龄段，规定其对不同的犯罪承担责任：已满 16 周岁的人，犯了刑法中规定的任何犯罪，都要承担刑事责任；已满 14 周岁不满 16 周岁的人，对故意杀人、故意伤害致人重伤或者死亡、强奸、抢劫、贩卖毒品、放火、爆炸、投放危险物质罪 8 类严重犯罪承担刑事责任；已满 12 周岁不满 14 周岁的人，对故意杀人、故意伤害这两类最严重的犯罪承担刑事责任。在本案中，犯罪嫌疑人小明已满 12 周岁，故意杀害了他的姑姑、表妹、表弟，根据刑法规定，应对自己的行为承担刑事责任。要注意的是，在具体程序上，对已满 12 周岁不满 14 周岁的人，需要经最高人民检察院核准追诉后，才能追究其刑事责任。在处罚上，对于未成年人犯罪，应当从轻或者减轻处罚。对于没有达到刑事责任年龄、不予刑事处罚的未成年人，并不意味着“没事”。根据法律规定，其父母或者其他监护人要对未成年人履行管教责任；在必要时，依法进行专门的矫治教育。

知识链接

《中华人民共和国刑法》第十七条　已满十六周岁的人犯罪，应当负刑事责任。

笔记区

已满十四周岁不满十六周岁的人,犯故意杀人、故意伤害致人重伤或者死亡、强奸、抢劫、贩卖毒品、放火、爆炸、投放危险物质罪的,应当负刑事责任。

已满十二周岁不满十四周岁的人,犯故意杀人、故意伤害罪,致人死亡或者以特别残忍手段致人重伤造成严重残疾,情节恶劣,经最高人民检察院核准追诉的,应当负刑事责任。

对依照前三款规定追究刑事责任的不满十八周岁的人,应当从轻或者减轻处罚。

因不满十六周岁不予刑事处罚的,责令其父母或者其他监护人加以管教;在必要的时候,依法进行专门矫治教育。

纠纷解决技巧

“教育为主,惩罚为辅”是我国长期以来在未成年人犯罪方面坚持和贯彻的刑事政策。教育为主,是考虑到未成年人的年龄特点、认知不成熟、可塑性较强以及未成年人犯罪原因的复杂性,强调对未成年犯罪人教育矫正的重要性;但并不代表对未成年人危害行为会无原则地宽容与放纵,对于实施了严重犯罪的未成年人,要依法惩罚。为了未成年人有更好的发展,避免“一失足成千古恨”,加强对未成年人犯罪的预防更重要。《中华人民共和国预防未成

笔记区

年人犯罪法》第2条规定,预防未成年人犯罪,立足于教育和保护相结合,坚持预防为主、提前干预,对未成年人的不良行为和严重不良行为及时进行分级预防、干预和矫治。未成年人的父母或者其他监护人对未成年人的预防犯罪教育负有直接责任,应当依法履行监护职责,重视对未成年人良好品行的培养,发现未成年人心理或者行为异常的,应当及时了解情况并进行教育、引导和劝诫,不得拒绝或者懈怠履行监护职责。国家机关、社会组织、学校、家庭等各负其责、相互配合、共同参与,及时消除滋生未成年人违法犯罪行为的各种消极因素,为未成年人身心健康发展创造良好的社会环境。

选择题

已满12周岁不满14周岁的人对(　　)[①]不承担刑事责任。

A. 故意杀人罪

B. 盗窃罪

C. 故意伤害致人死亡

D. 以特别残忍手段致人重伤造成严重残疾

① 答案:B。

笔记区

▶ 2. 年满 75 周岁的老人犯罪可以不被追究刑事责任吗?

案例

李某某,男,78 岁,丧偶多年,想再找个老伴儿。在媒人徐某的介绍下,李某某和 70 岁的齐某某确定了恋爱关系,两人很快就搬到一起同居。李某某给了齐某某 2000 元作为见面礼,还答应以后每个月给齐某某 500 元零花钱。齐某某和李某某同居一段时间后,忍受不了李某某的暴躁脾气,便带着钱和李某某给她买的手镯、项链等不告而别。李某某一觉醒来发现齐某某不见了,贵重物品也不翼而飞。他找不到李某某,无奈之下只好去找媒人徐某,要求徐某负责赔偿自己损失的 7000 多元,被徐某拒绝。李某某非常生气,动了杀心,想要杀害徐某之后自杀。某天,徐某和妻子外出时,李某某尾随两人来到一处僻静小路,掏出随身携带的剪刀捅向徐某的胸口。徐某妻子的叫喊声引来了其他路人,路人纷纷上前制止李某某,并拨打了报警电话和急救电话。因送医及时,徐某经抢救脱离了生命危险。李某某被警方抓获。

笔记区

法律分析

老年人具有丰富的社会知识和生活阅历;除有智力障碍和精神障碍外,老年人一般具有正常的辨认能力和控制能力,能够认识犯罪行为的性质和后果。因此,在刑法上属于具有完全刑事责任能力的人,并不能因为年老而不被追究刑事责任。但是,我国从古至今,法律上对老年人犯罪一直都有宽大处理的规定。现行刑法也基于人道主义原则,规定对75周岁以上的老年人犯罪,可以从宽处罚,并且针对不同情况作了区分规定:如果其实施的是故意犯罪,则可以从轻或者减轻处罚。具体到每个案件,是否从宽,以及是从轻还是减轻,要由法官根据案件的情况来决定。如果其实施的是过失犯罪,则应当从轻或者减轻处罚。在本案中,犯罪嫌疑人李某某虽然已经78岁,但心智健全,具有完全刑事责任能力,应当对其实施的故意杀人行为承担刑事责任;至于是否从轻或者减轻处罚,则由法官根据案件具体情况予以决定。另外,对于75周岁以上的老年犯罪人,一般不判处死刑,但也有例外。如果是以特别残忍手段致人死亡的,则有可能被判处死刑。在本案中,因被害人徐某没有死亡,李某某也就不存在被判处死刑的可能。

2. 年满75周岁的老人犯罪可以不被追究刑事责任吗？

笔记区

知识链接

《中华人民共和国刑法》

第十七条之一 已满七十五周岁的人故意犯罪的，可以从轻或者减轻处罚；过失犯罪的，应当从轻或者减轻处罚。

第四十九条第二款 审判的时候已满七十五周岁的人，不适用死刑，但以特别残忍手段致人死亡的除外。

纠纷解决技巧

在司法实践中，老年人犯罪案件中轻罪案件比较多，犯罪类型以盗窃、诈骗、赌博、故意伤害等居多。在故意伤害犯罪案件中，因家庭矛盾、邻里纠纷引起的案件比例比较高，大多因为家人之间的钱财问题、邻里之间的垃圾堆放、停车问题、通行相碰等琐事引发纠纷；特别是与亲属、邻里之间向来就有矛盾的，更容易因小事而导致矛盾激化。因此，基层的纠纷调解尤为重要，应及时调解劝导，晓之以理，动之以情，及时化解矛盾，降低犯罪风险，并且普及法律知识；对于确实不接受调解的，告诫矛盾各方不要冲动行事，用合法手段维护自己的权益，才是解决问题的正确方式。

笔记区

选择题

已满 75 周岁的人犯罪的,如何处罚?(　　)[1]

A. 应当一律从轻处罚

B. 应当一律减轻处罚

C. 不得从轻或者减轻处罚

D. 故意犯罪的,可以从轻或者减轻处罚;过失犯罪的,应当从轻或者减轻处罚

① 答案:D。

笔记区

▶ 3. 精神病人实施犯罪行为可以不被追究刑事责任吗?

案例

某晚12时左右,严某骑车路过镇上一家纸扎店时,见店门没有关好,便下车进店找水喝;但在见到店内存放的大量花圈及其他纸扎品后,竟用打火机将花圈点燃,待火烧大后离开。随后,严某又先后在该镇某超市门口及某快递公司门前将停放的三轮电动车点燃,最后又将一台停放在居民楼下的小轿车烧毁。连续4次纵火,除第三次有人及时发现后扑灭,损失较小外,其余3次纵火都造成了较大的经济损失。严某被传唤到案后,因其行为异常,相关部门对其进行了司法鉴定,鉴定结论为:严某系器质性精神障碍,作案时属于限制刑事责任能力人。县人民检察院依法对严某提起公诉,县人民法院作出一审判决:严某犯放火罪,判处有期徒刑5年。

法律分析

精神病并不是"免罪金牌"。精神病人是否承担刑事责任以及承担多大的责任,按其病症的轻重,分为三种情况:第一种情况是,行为时完全丧失辨认和控制自己行为

笔记区

能力的精神病人,属于无刑事责任能力人,对其实施的行为不负刑事责任。第二种情况是,尚未完全丧失辨认和控制自己行为能力的精神病人,属于限制刑事责任能力人,应当对其行为负刑事责任,但是可以从宽处罚。第三种情况是,间歇性发作的精神病人(间歇性丧失辨认或者控制自己行为的能力)在精神正常时犯罪的,属于完全刑事责任能力人,应当负刑事责任。

要注意的是,精神病人是否具有刑事责任能力,不取决于其本人或者家属的说法,而要经过法定程序鉴定予以确认。具体来说,应由具有法定资质的精神病鉴定部门,受司法机关、社会团体或犯罪嫌疑人家属、辩护人等的委托,依照具体规定和程序进行鉴定并作出结论。鉴定结论经司法机关审查确认采纳后,将作为人民法院判决案件的依据。在本案中,专业鉴定机构对严某作出的"限制刑事责任能力人"的鉴定结论被法院采纳,因此法院判决认定其成立放火罪,并予以从轻处罚(放火罪的基本刑是3年以上10年以下有期徒刑)。

知识链接

《中华人民共和国刑法》第十八条 精神病人在不能辨认或者不能控制自己行为的时候造成危害结果,经法定程序鉴定确认的,不负刑事责任,但是应当责令他的家属

笔记区

或者监护人严加看管和医疗;在必要的时候,由政府强制医疗。

间歇性的精神病人在精神正常的时候犯罪,应当负刑事责任。

尚未完全丧失辨认或者控制自己行为能力的精神病人犯罪的,应当负刑事责任,但是可以从轻或者减轻处罚。

……

《中华人民共和国刑事诉讼法》

第三百零二条 实施暴力行为,危害公共安全或者严重危害公民人身安全,经法定程序鉴定依法不负刑事责任的精神病人,有继续危害社会可能的,可以予以强制医疗。

第三百零三条第一款 根据本章规定对精神病人强制医疗的,由人民法院决定。

纠纷解决技巧

在现实生活中,精神病人伤人、杀人或者其他危害公共安全的案件时有发生。对于精神病人来说,刑罚处罚能预防其再犯的效果非常小,教育手段也较难奏效。因此,需要责令家属对其加强看管,或者由政府强制医疗。对于有精神病患者的家庭来说,需要多了解相关信息,积极给病人治疗。基层组织和有关机构要定期探访有精神病患者的家庭,及时发现监护中存在的问题和隐患,督促和帮

笔记区

助其改进,防止因监护方面的疏忽或失误而导致危害社会的结果发生。

选择题

精神病人实施危害行为,(　　)[①]负刑事责任。

A. 一律应

B. 一律不

C. 只对几类犯罪

D. 根据其行为当时的精神状态,能够辨认和控制自己行为的,应当

① 答案:D。

笔记区

4. 喝醉“断片儿”了，对酒后的行为应承担责任吗？

案例

房某在金某家帮忙修塑料大棚，金某的邻居白某带着白酒来到塑料大棚，叫金某一起喝酒，金某推脱不喝，白某便让房某和他一起喝。下午4时许，二人喝完白酒以后，白某又将房某带到家中喝酒。在喝酒时，两人一言不合发生争吵、厮打。在厮打中，房某用白某家中的菜刀朝白某的头部、颈部连砍数刀，致使白某当场死亡。房某穿着沾有大量血迹的衣服在街上闲逛，被群众报警并抓获。市人民检察院以房某涉嫌犯故意杀人罪向市人民法院提起公诉。房某辩解说，自己当时喝醉“断片儿”了，干了什么不记得了。

法律分析

醉酒包括两种：一种是病理性醉酒，又称特发性酒中毒，是指行为人饮下少量的不足以使一般人发生醉酒的量，但行为人出现明显的行为和心理改变，在饮酒时或其后不久突然出现激越、冲动、暴怒以及攻击或破坏行为。病理性醉酒可能与饮酒者的特殊体质或原有脑损害如创

笔记区

伤后遗症、癫痫等引起大脑不能耐受酒精有关。在法律上将病理性醉酒归于精神疾病，在病理性醉酒的情况下，行为人不具有责任能力。因此，第一次发生病理性醉酒的行为人不承担刑事责任；但是，如果行为人明知自己具有病理性醉酒的特殊体质，仍故意饮酒，醉酒后实施犯罪行为，就需要承担刑事责任。另一种是生理性醉酒，即普通醉酒，大多发生于一次性大量饮酒之后。虽然在醉酒状态下，人的控制能力会下降，但在饮酒之前或者饮酒当时，行为人是处于清醒状态的。从正常人的认知出发，行为人应当知道大量饮酒会导致自己醉酒，从而降低行为的控制能力。由于其在清醒时放纵自己陷入醉酒状态，因而就应当对自己醉酒后实施的危害行为及其结果承担刑事责任。在本案中，经鉴定，房某不属于病理性醉酒，而是生理性醉酒。因此，其虽然喝醉"断片儿"了，但仍然应为自己醉酒后实施的故意杀人罪承担刑事责任。

知识链接

《中华人民共和国刑法》第十八条第四款 醉酒的人犯罪，应当负刑事责任。

纠纷解决技巧

在现实生活中，病理性醉酒很少见，生理性醉酒比较常见。醉酒不能成为免责的理由，刑法对此已有明确规

笔记区

定。在我国有所谓的“酒桌文化”，逢年过节、亲朋聚会或者生意往来，都少不了饮酒。在有些地方，还盛行劝酒、斗酒的风气。因醉酒引发的矛盾纠纷、事故甚至严重的刑事案件屡见不鲜，被喝酒毁掉人生的事例也不少，有太多沉痛的教训。要防止醉酒导致犯罪，一方面，要靠个人的自律和节制；另一方面，也要加强法律宣传，增强公众的法律意识，改良社会的饮酒文化，文明饮酒，不要强行劝酒、斗酒。

选择题

醉酒的人犯罪，(　　)[①]负刑事责任。

A. 一律应

B. 一律不

C. 看醉酒的程度来决定是否应当

D. 要区分生理性醉酒与病理性醉酒，来决定其是否应当

① 答案：D。

笔记区

5. 别人先动手打我，我是不是就可以往死里打他？

案例

洪某与郑某因为帮朋友找王某武要钱，与王某武产生矛盾。某天傍晚，洪某与郑某等人偶遇王某武与其弟弟王某斌、哥哥王某亮、外甥杜某等人。王某武大骂洪某。王某斌等人随后将洪某拉到酒店外，用砖块、棍棒等殴打洪某。郑某赶到酒店外想要上前拉架时遭到王某斌等人的殴打。洪某向郑某要刀子，郑某便将随身携带的折叠水果刀交给洪某。洪某持刀朝对方人员捅划，王某武、王某亮、杜某被划伤后逃离现场。王某斌仍用脚踹洪某，洪某持刀朝王某斌面部及胸部连续捅划5刀，后与郑某乘出租车逃离现场。王某斌经抢救无效死亡，经鉴定系被单刃锐器刺破心脏致心包填塞合并失血性休克死亡。洪某辩解：王某斌等人先动手，自己是正当防卫。

法律分析

自卫权是公民的一项权利，但自卫权的行使不是无限制的。为了保障公民合法行使自卫权并防止自卫权的滥用，刑法规定了正当防卫制度。根据刑法规定，成立正当防卫，需要符合以下条件：(1)起因条件。客观上存在不法

笔记区

侵害；不法侵害既包括犯罪行为，也包括违法行为。（2）时间条件。正当防卫必须是针对正在进行的不法侵害。（3）对象条件。正当防卫必须针对不法侵害人进行，而不能针对其他人实施。应注意的是，如果明知侵害人是无刑事责任能力人（如精神病人或年龄较小的儿童），应当尽量使用其他方式避免或者制止损害（如逃跑或者借用保护措施避免受其侵害），没有其他方式可以选择或者不法侵害严重危及人身安全时，才可以对侵害人进行反击。（4）意图条件。正当防卫必须具有防卫意图，即为了使国家、公共利益、本人或者他人的人身、财产和其他权利免受不法侵害。不具有防卫意图，而是故意激怒他人、挑动对方侵害自己，然后自己再趁机反击伤害他人的，不属于正当防卫。（5）限度条件。正当防卫不能明显超过必要限度、造成重大损害，否则就构成防卫过当，要承担刑事责任。是否“明显超过必要限度”，在具体案件中，要由司法人员综合不法侵害的性质、手段、强度、危害程度、防卫的时机、手段、强度、损害后果等情节，综合判断。“造成重大损害”，是指造成不法侵害人重伤、死亡。防卫行为虽然明显超过必要限度但没有造成重大损害的，不属于防卫过当。值得注意的是，在正当防卫制度中有关于特殊防卫权的规定，即对正在进行行凶、杀人等严重危及人身安全的暴力犯罪，采取防卫行为，造成不法侵害人伤亡的，不属于防卫过

笔记区

当，不负刑事责任。这里的“行凶”通常是指使用致命性凶器，或者虽然未使用致命性凶器，但不法侵害人人数众多、打击致命性部位，确实已经严重危及他人人身安全的。在本案中，首先，确实是王某斌等人先动手对洪某实施不法侵害的，洪某有权实施防卫。其次，王某斌等多人持砖块、棍棒等殴打洪某一人，严重危及洪某的人身安全，属于“行凶”，此时洪某使用水果刀自卫，属于行使特殊防卫权。最后，在其他侵害人被划伤逃跑以后，只剩下王某斌一人用脚踹洪某，不法侵害虽然仍在持续，但对洪某人身安全的威胁已经明显降低，此时洪某行使特殊防卫权的前提已消失，防卫行为要受到正当防卫限度条件的限制。在王某斌的不法侵害没有达到严重危及人身安全的情况下，洪某使用致命工具，多次捅刺王某斌的致命部位，造成死亡后果，属于“明显超过必要限度造成重大损害”，构成防卫过当，应当负刑事责任，但是应当对其减轻处罚。

知识链接

《中华人民共和国刑法》第二十条 为了使国家、公共利益、本人或者他人的人身、财产和其他权利免受正在进行的不法侵害，而采取的制止不法侵害的行为，对不法侵害人造成损害的，属于正当防卫，不负刑事责任。

正当防卫明显超过必要限度造成重大损害的，应当负刑事责任,但是应当减轻或者免除处罚。

笔记区

对正在进行行凶、杀人、抢劫、强奸、绑架以及其他严重危及人身安全的暴力犯罪,采取防卫行为,造成不法侵害人伤亡的,不属于防卫过当,不负刑事责任。

纠纷解决技巧

正当防卫是公民的一项权利,国家鼓励见义勇为,弘扬社会正气,“法不能向不法让步”。在基层法律宣传中,一方面,要充分肯定正当防卫的积极价值,普及宣传正当防卫的相关法律规定,让民众准确理解正当防卫制度的精神,防止“谁能闹谁有理”“谁死伤谁有理”错误观念的流传和对民众的误导;另一方面,也要提醒民众,正当防卫权的行使不是无限度的。公民在遭遇到不法侵害时,要敢于实施正当防卫,但同时也要注意把握防卫行为的合法限度,有理、有力、有节地捍卫合法权益。

选择题

以下哪种情形属于防卫过当?(　　)①

A. 防卫行为超过必要限度　B. 防卫行为造成重大损害

C. 防卫行为超过必要限度造成重大损害

D. 防卫行为明显超过必要限度,造成重大损害

① 答案:D。

笔记区

▶ 6. 在互殴情况下，还能正当防卫吗？

案例

小李与朋友一起去夜市吃宵夜；夜市摊生意火爆，人很多。小李从江某等人的座位经过时碰到了江某的胳膊，为此双方发生了争吵并斗殴。因为江某一方人多，小李和朋友打不过，就跑到离夜市摊10多米以外站着。江某等人看到小李和他的朋友没有跑远，就拿着酒瓶、椅子朝小李追去。小李见状继续跑，最后躲闪不及被江某用酒瓶打到了脑袋。小李捡起酒瓶碎片扎伤了江某的大腿，导致江某受重伤，小李受轻伤。案发后，小李到公安机关投案自首。小李的行为是正当防卫吗？

法律分析

互殴与防卫行为在外观上具有一定的相似性，区分这两者，要通过综合考量案发的起因、双方的过错大小、是否使用凶器、所采用暴力的强度、是否纠集他人参加打斗等情况，来判断行为人的主观意图和行为性质。在互殴的情况下，不能一概排除正当防卫的存在。比如，双方因琐事发生争吵，如果一方先动手将冲突升级为打斗并且手段明显过激，或者在对方努力避免冲突的情况下，仍实施侵害

笔记区

的，则对方的还击行为属于防卫行为；在互殴过程中，一方主动停止打斗并离开斗殴场所，或者一方明确表示求饶并放弃打斗时，而另一方仍追打不止，先停止的一方被迫还击的，被认定为防卫行为；或者斗殴结束后，一方又实施不法侵害的，则对方的还击应属于防卫行为。在这些情况下，防卫行为符合正当防卫条件的，应认定为正当防卫。在本案中，双方发生了互殴行为，双方都有加害对方的故意，此时不存在正当防卫问题；但是，小李一方先停止与江某等人的殴斗，停止了加害行为并且已经跑出斗殴范围，这时江某等人仍继续追打小李，继续实施加害行为。在这种情况下，行为性质已经发生了变化，从原先的互殴变成江某等人对小李的不法侵害，小李为了保护自己的人身安全而反击，从其防卫行为（扎伤大腿）与江某侵害行为（酒瓶砸脑袋）的强度对比来看，小李的防卫行为并未明显超过必要限度并造成重大损害，应认定为正当防卫。

知识链接

《中华人民共和国刑法》第二十条　为了使国家、公共利益、本人或者他人的人身、财产和其他权利免受正在进行的不法侵害，而采取的制止不法侵害的行为，对不法侵害人造成损害的，属于正当防卫，不负刑事责任。

正当防卫明显超过必要限度造成重大损害的，应当负

笔记区

刑事责任,但是应当减轻或者免除处罚。

对正在进行行凶、杀人、抢劫、强奸、绑架以及其他严重危及人身安全的暴力犯罪,采取防卫行为,造成不法侵害人伤亡的,不属于防卫过当,不负刑事责任。

纠纷解决技巧

在现实生活中,很多相互斗殴都是因为小事引起的。约架、斗殴都是违法行为,甚至会构成刑事犯罪,结果实际上是两败俱伤。所以,在发生争执时要理性面对和处理。在宣传中,要告诉民众在法治社会,解决矛盾和纠纷的合法方式有很多种:可以找基层组织或者双方都信得过的人进行调解;既可以报警,也可以提起诉讼。直接诉诸蛮力只会让事情更加复杂和恶化。

选择题

关于斗殴与正当防卫的关系,下列说法正确的是(　　)①。

A. 斗殴中绝对不存在正当防卫

B. 斗殴中后动手的一方属于正当防卫

C. 斗殴中有可能存在正当防卫,需要具体分析

D. 斗殴中先动手的一方不可以正当防卫

---

① 答案:C。

笔记区

▶ 7. 别人偷我家鱼被电死，我要负责吗？

案例

陈某在村里经营一口鱼塘，最近他发现在鱼塘管理房旁边的废弃猪圈门口有很多钓鱼线和鱼鳞，猜测有人偷自家的鱼。陈某没有时间专门看管鱼塘，于是他想到用电线防人偷鱼。某天下午5时左右，陈某拿了一捆20米左右的电线接上火线，一路从管理房缠绕到猪圈附近，将电线攀附在猪圈附近的铁网上，并在猪圈门口挂了块牌子："鱼塘有电勿近，触电后果自负。"当晚8时左右，陈某将电线通上电后，便回家看电视。过了一个半小时，当他返回鱼塘时，发现有一个人趴在猪圈边的地板上，走近一看，这人已没了气息，身边散落一个小渔网。经法医鉴定，死者系触电死亡。陈某应对该人的死亡负责吗？

法律分析

私设电网是违法行为。有关法律、法规明令禁止单位、个人未经有关部门批准擅自架设电网，如果造成严重后果，须依法追究行为人的法律责任。私设电网也是一种危险方法，特别是在公共场所私设电网，直接威胁不特定多数人的安全，属于《中华人民共和国刑法》第114条、第115条中的"其他危险方法"。生活中私设电网有的是用于非法狩猎活

笔记区

动，有的是为了防盗。行为人对于私设电网行为导致危害公共安全的结果，在主观上有的是故意，有的是过失。主观心态、目的不同，适用的罪名也不同，在具体案件中要根据案件情节具体判断。在本案中，陈某私设电网的目的是防盗，但其采用的防盗手段违法。虽然是设置在自家鱼塘周围，但鱼塘在室外露天场所，任何人都可能经过，不是来偷鱼的人也可能会发生误触、误碰从而导致触电事故，因此该行为威胁了公共安全。尽管陈某设置了提示牌，但因私设电网行为本身的违法性以及对公共安全的威胁，并不能因此免除陈某的责任。但是，由于陈某已设置了提示牌，表明从其内心来讲，也并不希望发生有人触电伤亡的后果，在主观上是过失心态。因此，陈某的行为构成过失以危险方法危害公共安全罪。

知识链接

《中华人民共和国刑法》

第一百一十四条　放火、决水、爆炸以及投放毒害性、放射性、传染病病原体等物质或者以其他危险方法危害公共安全，尚未造成严重后果的，处三年以上十年以下有期徒刑。

第一百一十五条　放火、决水、爆炸以及投放毒害性、放射性、传染病病原体等物质或者以其他危险方法致人重伤、死亡或者使公私财产遭受重大损失的，处十年以上有期徒刑、无期徒刑或者死刑。

笔记区

过失犯前款罪的,处三年以上七年以下有期徒刑;情节较轻的,处三年以下有期徒刑或者拘役。

纠纷解决技巧

电网虽然是一种有效的警戒防范措施,但由于它对人畜有很大的危险性,涉及公共安全,在我国只准用于国家的政治、军事、重要科技、重要企业、治安等方面需要重点防范的场所,而且对于电网的审批程序、安全使用都有明确要求。公民私自架设电网属于违法行为,生活中也已经发生了多起类似案件,不仅没能取得期待的防盗效果,反而给自己惹来更大的麻烦。因此,不能将电网用作日常生活中的防盗措施。随着技术发展,目前有一些可用于防盗的新措施,如红外摄像头、无线报警器等,建议采用安全又合法的技术措施,以更好地维护自己的权益。

选择题

下列说法中正确的一项是(　　)[1]。

A. 对小偷可以不择手段

B. 不能以非法手段对付非法行为

C. 只要作了提示,对小偷被电死不承担责任

D. 只要不发生电死人的后果,私设电网就没事

---

① 答案:B。

笔记区

▶ 8. 与他人一起实施犯罪，我后悔了，还有回头的机会吗？

案例

刘某与薛某是初中同学，二人一起外出到南方某城市打工，刘某找到一份快递员的工作，薛某在一个工厂当保安。刘某想给女朋友买一个名牌包作为生日礼物，但是手头紧张，他想起来有一次去揽收快递时看到一家进门的鞋柜上放着两个名牌包，于是动了歪心思，打算趁这家主人不在家时入室盗窃。刘某找到薛某商量此事，薛某起初不同意。刘某说，自己已经踩好了点，开门后拿了包就走，薛某只需要在楼道帮他望风即可。因为之前薛某生病住院，刘某照顾过他，薛某不好意思拒绝，便勉强答应下来。两人一起去批发市场买了改锥、小钢锯和铁丝以备用，约定第二天下午 1 时 30 分，在某小区门口碰头。薛某一夜难眠，总觉得心里不踏实，第二天中午在去会合地点的路上，忍不住发消息给在大学学法律的表妹：刘某让我跟他一起去偷东西，我后悔了，还有回头的机会吗？

法律分析

在本案中，薛某纠结的是犯罪中止的问题。犯罪中止

笔记区

是在犯罪过程中，行为人自动放弃犯罪或者自动有效地防止犯罪结果发生的情形。与犯罪未遂不同，犯罪中止是行为人自动决定放弃犯罪，而不是由于行为人意志以外的原因使其不能完成犯罪。刑法对中止犯规定了两种不同的从宽处罚：没有造成损害的，应当免除处罚；造成损害的，应当减轻处罚。注意，这里是“应当”，而不是“可以”。可见，对中止犯的从宽比对预备犯、未遂犯的从宽力度都要大，在立法上鼓励准备犯罪的人及早放弃、及早回头。即便已经实施了犯罪行为，行为人仍然有机会回头，只要能把中止的想法积极付诸行动。只要作为犯罪既遂标志的犯罪结果没有发生，在犯罪从预备到完成的整个过程中的任何阶段，都可以中止犯罪。例如，在实施故意杀人罪的过程中，杀人行为实施完毕后，犯罪人突然后悔，及时将被害人送往医院抢救，被害人脱离生命危险，没有发生作为故意杀人罪既遂标志的死亡结果，属于“自动有效地防止犯罪结果发生”，犯罪人可以成立犯罪中止。值得注意的是，在单独犯罪的情况下，行为人成立犯罪中止只取决于其一个人的行为；但在共同犯罪的情况下，犯罪中止的问题就比较复杂了，部分犯罪人要想成立犯罪中止，仅仅停止自己的犯罪行为是不够的，还需要阻止其他共同犯罪人继续实施犯罪或者有效地防止犯罪结果的发生。在本案中，薛某与刘某一起准备了犯罪工具，已经进入犯罪预备

笔记区

阶段，只是还没有着手实施盗窃行为，此时回头完全来得及。但由于他们两人是共同犯罪，薛某仅仅自己放弃还不足以成立犯罪中止，他还必须阻止刘某实施盗窃行为，才能成立犯罪中止；倘若薛某只是自己没去约定地点，但刘某仍然去了并盗窃得手，那么薛某也与刘某同属于犯罪既遂，而不是犯罪中止。

知识链接

《中华人民共和国刑法》第二十四条　在犯罪过程中，自动放弃犯罪或者自动有效地防止犯罪结果发生的，是犯罪中止。

对于中止犯，没有造成损害的，应当免除处罚；造成损害的，应当减轻处罚。

纠纷解决技巧

刑法不仅惩罚犯罪的人，也给准备实施犯罪或者正在实施犯罪的人指出了一条回头的路，犯罪中止就是犯罪人回头的路。对于走上犯罪之途的人来说，并不是“走错了一步路，就再也回不了头”，回头的路就在那里，是继续向前走向深渊，还是回头是岸，个人一定要理性思考，并作出正确选择。

8. 与他人一起实施犯罪，我后悔了，还有回头的机会吗？

笔记区

选择题

以下哪一种情形属于犯罪中止？（　　）①

A. 在盗窃过程中，听到门外楼道里有人说话，赶紧从窗户逃走

B. 抢劫得手，发现被害人是认识的人，赶紧把刚抢的钱还给被害人

C. 在偏僻处对他人实施伤害行为，看到远处有灯光闪烁，于是停手离开

D. 砍伤被害人以后心有不忍，赶紧送去医院抢救，被害人未死，但受了重伤

① 答案：A。

笔记区

▶ 9. 被胁迫参加犯罪团伙，可以不承担责任吗？

案例

小丁是某学校高三学生，他的朋友小陈初中毕业后就开始混社会，组织了一个小团伙，经常从事违法犯罪活动（二人均已年满16周岁）。某天，小陈来找小丁，约其一起去盗窃，被小丁拒绝。小陈说："你以前找低年级同学要钱被我拍到了，你要是不去，我就把照片发到网上去！"小丁一听马上怂了，于是跟着小陈等人一起去实施了盗窃，后来案发被抓。小丁认为自己是被胁迫参加犯罪的，主观上并不愿意，所以不应负刑事责任。

法律分析

胁从犯是共同犯罪人的类型之一，就是被他人胁迫而参加共同犯罪的人。考虑到胁从犯虽然被胁迫但并没有完全丧失意志自由和身体自由，在有选择余地的情况下仍然选择了参与犯罪，因此刑法规定，胁从犯要承担刑事责任。从主观上来讲，胁从犯不是主动自愿参与犯罪，而是在被胁迫之下不完全自愿地参加犯罪的，其主观恶性比较小；从其在共同犯罪中的作用来看，胁从犯在共同犯罪中居于从属地位，其所起的作用在一般情况下比从犯还要小。因此刑法规定，对于胁从犯应当按照其犯罪情节减轻处罚或者免除处罚。但是，值得注意的是，如果胁迫使被胁迫者完全丧失了意志自由和身体自由，没有选择余地，因而实施了犯罪行为，则有可能成立紧急避险。例如，被人用刀逼着“如果不参与实施盗窃就立刻会被杀死”，不得已参与实施了盗窃行为，属于为了使自己的生命免受正在发生的危险而损害了他人的财产权利，成立紧急避险，不负刑事责任。紧急避险的正当性就在于所保全的利益大于所损害的利益，在利益衡量上，生命重于财产。在本案中，小丁被小陈以揭露隐私相要挟而被迫参与盗窃犯罪，但这一胁迫尚没有达到能令其丧失意志自由和身体自由的程度，小丁在有选择余地的情况下选择了参与实施犯罪，属于胁从犯，要对其行为承担刑事责任，但在处罚上可以从宽。

知识链接

《中华人民共和国刑法》

第二十八条　对于被胁迫参加犯罪的，应当按照他的犯罪情节减轻处罚或者免除处罚。

第二十一条　为了使国家、公共利益、本人或者他人的人身、财产和其他权利免受正在发生的危险，不得已采取的紧急避险行为，造成损害的，不负刑事责任。

紧急避险超过必要限度造成不应有的损害的，应当负

笔记区

刑事责任，但是应当减轻或者免除处罚。

第一款中关于避免本人危险的规定，不适用于职务上、业务上负有特定责任的人。

纠纷解决技巧

被胁迫实施犯罪并不一定会被免责，这要看胁迫的具体内容。如果胁迫的内容不是紧迫的、立刻就能实现的危险，或许还有时间来周旋，想办法脱身或者报警求助；但如果胁迫是紧迫的、立刻就会实现的重大危险，对当事人的过分苛责恐怕也是不合理的。所以，对于被胁迫来说，如果其面临的是紧迫的生命危险，可能成立紧急避免；但如果不是紧迫的生命危险，其就要为自己参与实施的犯罪承担刑事责任。刑法中关于胁从犯的规定体现了法律希望在保护社会与体谅个人之间实现平衡：既不主张以被胁迫为理由替犯罪开脱罪责，同时又体谅人性的弱点，在处罚上予以从宽。

选择题

对于被胁迫参加犯罪的，如何处罚？（　　）[1]

A. 应当从轻处罚　　B. 应当减轻处罚

C. 应当免除处罚

D. 应当按照犯罪情节减轻处罚或者免除处罚

① 答案：D。

笔记区

▶ 10. 犯罪后就被抓了,还有机会成立自首吗?

案例

2002年年初,张某与某农行守库员孙某密谋盗窃该行金库。2002年5月23日,该农行进行内部装修,监控设备均被拆除。二人见时机成熟,便于当晚潜入农行办公楼院内,由张某拿着孙某提供的金库钥匙和写有密码的字条进入金库,盗得现金150万元后逃离现场。后张某未按约定分给孙某70万元,仅分给孙某30万元赃款。孙某一直向张某索要剩余的40万元。因张某使用赃款投资建厂亏损,已无力给付,又怕孙某将盗窃农行金库之事泄露,遂产生杀人灭口之念。2009年10月22日下午,张某以支付余款为由,驾驶轿车搭载孙某外出,晚上10时左右,当行至某村附近时,张某趁孙某下车小便之机,用事先备好的绳索紧勒孙某颈部,致其机械性窒息死亡。几天后,公安机关以涉嫌故意杀人罪为由将张某刑事拘留;在审讯中,张某供认了杀害孙某的犯罪事实,并且交代了作案的起因,由此牵出了2002年某农行金库被盗案。张某是自首还是坦白?

笔记区

法律分析

犯罪人在犯罪以后的态度对量刑有一定的影响。自首与坦白都属于犯罪后态度较好的表现,都是如实供述自己的罪行,也都是法定的从宽处罚情节。二者之间的不同在于:一是到案原因不同,自首是犯罪以后自动投案,坦白则是被抓获后归案;二是处罚上从宽力度不同,自首因为主动性较强,从宽幅度也就相对大一些。那么,是不是只要是被抓获的,犯罪人就不可能成立自首了?并非如此。自首包括两种情形:一种是一般自首,就是犯罪以后自动投案,如实供述自己的罪行,这是最常见的自首情形。另一种被称为“准自首”,是指被采取强制措施的犯罪嫌疑人、被告人和正在服刑的罪犯,如实供述司法机关还没有掌握的本人其他罪行。对于第二种情形,刑法规定“以自首论”,意思就是,就其如实供述的罪行,同样可以成立自首,适用自首的处罚原则,可以从轻或者减轻处罚;犯罪较轻的,还可以免除处罚。要注意的是,第二种自首情形中的“其他罪行”,是指与司法机关已经掌握的或者判决确定的罪行属于不同种的罪行。例如,犯罪人因实施盗窃罪被抓获,在审讯中又供述了自己以前犯过的抢劫罪,属于自首;如果其供述的是另一起盗窃罪,那么不成立自首,但也可以得到从轻处罚。在本案中,张某因涉嫌故意杀人罪被抓获后,如实供述了自己杀人的事实,这属于坦白;并且他又交代了杀人的起因,即 7 年前的农行金库盗窃案,而在此之前,该案一直没有被侦破,这属于"司法机关还未掌握的本人其他罪行",张某如实供述农行金库盗窃案的事实,属于自首的第二种情形。所以,张某既有坦白,又有自首。

知识链接

《中华人民共和国刑法》第六十七条 犯罪以后自动投案,如实供述自己的罪行的,是自首。对于自首的犯罪分子,可以从轻或者减轻处罚。其中,犯罪较轻的,可以免除处罚。

被采取强制措施的犯罪嫌疑人、被告人和正在服刑的罪犯,如实供述司法机关还未掌握的本人其他罪行的,以自首论。

犯罪嫌疑人虽不具有前两款规定的自首情节,但是如实供述自己罪行的,可以从轻处罚;因其如实供述自己罪行,避免特别严重后果发生的,可以减轻处罚。

纠纷解决技巧

刑法中规定了很多从宽处罚的情节;不仅行为人在犯罪过程中的表现会影响量刑,而且其在犯罪以后的态度和表现也对量刑具有重要意义。即便是在被抓获以后、审判过程中以及服刑过程中,行为人仍然有机会成立自首,受

笔记区

到从宽处罚。犯罪人的自首和坦白,对于国家来说,节约了司法资源,提高了办案效率;对于被害人来说,可以及时使其内心的痛苦得到安抚;对于犯罪人来说,为自己的行为承担法律责任,虽然会付出代价,但可以结束内心的煎熬和惶恐,诚实地面对自己和他人,最终得到良心上的安宁。

选择题

以下关于自首与坦白的说法,正确的是(　　)①。

A. 自首必须是主动到案,被动到案的不可能成立自首

B. 二者都需要如实供述犯罪事实

C. 对自首和坦白的犯罪分子都应当从轻或者减轻处罚

D. 对自首和坦白的犯罪分子都可以免除处罚

① 答案:B。

笔记区

▶ 11. 被判缓刑是不是就意味着没事了?

案例

小赵因盗窃他人电动车被抓。在案件审理过程中,法院考虑到小赵系初犯,犯罪情节较轻,认罪态度较好,积极退赔了被害人,获得了被害人的谅解,因此对其适用认罪认罚从宽制度,判决小赵犯盗窃罪,判处其拘役5个月,缓刑6个月。小赵回到家以后,顿觉一身轻松,整天与一帮狐朋狗友混在一起,还经常夜不归宿。家人劝他注意自己的行为,毕竟还在缓刑考验期内,不要惹出事来。小赵不以为然:"缓刑不就是没事了吗!"

法律分析

缓刑是刑罚的暂缓执行,是指对被判处一定刑罚的犯罪人在一定期限内附条件地不执行所判刑罚的制度。缓刑通常是对监禁刑的暂缓执行。关于缓刑,需要了解以下几点:第一,缓刑的前提是有罪宣告,也就是说,犯罪人被判决有罪。第二,缓刑一般适用于犯了轻罪且人身危险性较低的犯罪分子,我国刑法规定可以适用缓刑的是被判处拘役或者3年以下有期徒刑的犯罪分子。人身危险性较低,是指犯罪人没有再犯罪的危险,对其适用缓刑,对于犯罪人所居住社区没有重大不良影响。累犯和犯罪集团的首要分子,因其人身危险性较高,不能适用缓刑。第三,缓刑是附条件地暂缓执行原判刑罚,而不是绝对不执行原判刑罚。判决中“缓刑×个月(年)”就是缓刑考验期,在缓刑考验期内,犯罪人必须遵守法律的有关规定,接受考察监督和社区矫正。如果在缓刑考验期内再犯新罪或者被发现还有其他罪行,或者违反了法律、法规或者国务院有关部门关于缓刑的监督管理规定,或者违反了法院判决中的禁止令,情节严重的,会被撤销缓刑,执行原判决的监禁刑。所以,在本案中,小赵被判处缓刑,并不意味着“没事了”,如果其在缓刑考验期内违反了有关规定,就有可能被撤销缓刑,执行原判决的拘役刑。

知识链接

《中华人民共和国刑法》

第七十二条　对于被判处拘役、三年以下有期徒刑的犯罪分子,同时符合下列条件的,可以宣告缓刑,对其中不满十八周岁的人、怀孕的妇女和已满七十五周岁的人,应当宣告缓刑:

(一)犯罪情节较轻;

(二)有悔罪表现;

(三)没有再犯罪的危险;

笔记区

(四)宣告缓刑对所居住社区没有重大不良影响。

宣告缓刑,可以根据犯罪情况,同时禁止犯罪分子在缓刑考验期限内从事特定活动,进入特定区域、场所,接触特定的人。

被宣告缓刑的犯罪分子,如果被判处附加刑,附加刑仍须执行。

第七十五条 被宣告缓刑的犯罪分子,应当遵守下列规定:

(一)遵守法律、行政法规,服从监督;

(二)按照考察机关的规定报告自己的活动情况;

(三)遵守考察机关关于会客的规定;

(四)离开所居住的市、县或者迁居,应当报经考察机关批准。

第七十六条 对宣告缓刑的犯罪分子,在缓刑考验期限内,依法实行社区矫正,如果没有本法第七十七条规定的情形,缓刑考验期满,原判的刑罚就不再执行,并公开予以宣告。

第七十七条 被宣告缓刑的犯罪分子,在缓刑考验期限内犯新罪或者发现判决宣告以前还有其他罪没有判决的,应当撤销缓刑,对新犯的罪或者新发现的罪作出判决,把前罪和后罪所判处的刑罚,依照本法第六十九条的规定,决定执行的刑罚。

被宣告缓刑的犯罪分子,在缓刑考验期限内,违反法

笔记区

律、行政法规或者国务院有关部门关于缓刑的监督管理规定,或者违反人民法院判决中的禁止令,情节严重的,应当撤销缓刑,执行原判刑罚。

纠纷解决技巧

缓刑适用于犯了轻罪、人身危险性较低的犯罪人:一方面,考虑到很多轻罪犯罪人是因为一念之差而实施犯罪的,没有再犯罪的危险,让其留在社区内没有不良影响;另一方面,为了避免短期监禁刑对服刑人造成负面影响。判处缓刑之后,犯罪人可以如同以往一样正常地生活和工作,但也不可满不在乎或者自暴自弃,要注意遵守法律、法规等关于缓刑的监督管理规定以及法院判决中的禁止令,切勿因行为不慎给自己带来不利后果,浪费了获得的缓刑机会。

选择题

下列关于缓刑的说法中,正确的一项是(　　)①。

A. 累犯可以适用缓刑

B. 缓刑只适用于被判处3年以下有期徒刑的犯罪分子

C. 缓刑考验期只是个形式,没有太大意义

D. 如果没有法定的应当撤销缓刑的情形,缓刑考验期届满,原判刑罚就不再执行

---

① 答案:D。

笔记区

▶ 12. 犯罪嫌疑人逃跑了20年，还会被追究刑事责任吗？

案例

2019年4月7日晚，在某县一个超市门口，两人因琐事发生冲突，扭打在一起。民警接到报警后到达现场处理，在调查中发现其中一人身份不明，遂将其带回派出所询问。民警调查发现，该男子刚到一家公司当搬运工，工友只知道他叫“阿锋”，没人知道他的真实姓名和住址。经提取血液样本进行DNA比对，警方发现此人是因涉嫌于1997年10月故意杀死蔡某而被网上通缉的吴某，但相貌与当年已大不一样。吴某承认几年前曾做过整容手术。事情已过去了20年，吴某还会被追究刑事责任吗？

法律分析

国家担负追究犯罪的责任，但是对犯罪的追究不是绝对无限制的。一方面，有些犯罪案件发生以后在一段时期内没有被侦破，经历岁月的流逝，案件的相关证据可能会减少甚至湮灭，时间越长，案件的侦破也越来越困难，甚至成为不可能。根据现代刑事法律“存疑时有利于被告”的原则，无法克服的破案困难将会导致终止诉讼程序或者宣告被告人无罪,追诉也就失去了意义。另一方面,对于一些较轻的犯罪,在相当长一段时间过去之后,被害人可能已淡忘或者愤恨的情感已减弱,有些甚至已经原谅了犯罪人,从恢复受损的法益以及节约司法资源的角度来说,国家再继续追究的必要性也就不大了。因此,刑法规定了追诉期限:犯罪超过了一定期限就不再追诉,并且根据不同犯罪的法定最高刑不同,设置了长短不同的追诉期限。

值得注意的是,并不是只要经过追诉期限,就绝对不再追诉了。在有些情况下,即使经过了追诉期限,也仍然会被追诉。比如,对于法定最高刑为无期徒刑或死刑的犯罪,一般追诉期限是 20 年,经过 20 年就不再追诉了;但如果确实有必要追诉(如犯罪性质极其严重、手段极其恶劣、后果极其严重、社会影响极大等),仍然可以追诉,在程序上须报请最高人民检察院核准。再如,《中华人民共和国刑法》还规定了两种追诉期限延长的情况:一种是在有关部门受理案件以后,犯罪人积极逃避侦查或者审判的,不受追诉期限的限制;另一种是被害人在追诉期限内提出控告,有关部门应当立案而不予立案的,也不受追诉期限的限制。“不受追诉期限的限制”,是指即便过了追诉期限,仍然可以追诉。此外,犯罪人在追诉期限内如果再犯罪,前一犯罪的追诉期限从犯后一犯罪之日起重新计算。在本案中,吴某被抓时虽然距其实施犯罪已经过去了 21 年之久,但仍然会被追诉:一是因为其所犯的是故意杀人罪,这是最严重的犯罪,经过20年仍然存在被追诉的可能;二是其在实施犯罪后逃离家乡,积极逃避侦查,因此不受追诉期限的限制。

知识链接

《中华人民共和国刑法》

第八十七条 犯罪经过下列期限不再追诉:

(一)法定最高刑为不满五年有期徒刑的,经过五年;

(二)法定最高刑为五年以上不满十年有期徒刑的,经过十年;

(三)法定最高刑为十年以上有期徒刑的,经过十五年;

(四)法定最高刑为无期徒刑、死刑的,经过二十年。如果二十年以后认为必须追诉的,须报请最高人民检察院核准。

第八十八条 在人民检察院、公安机关、国家安全机关立案侦查或者在人民法院受理案件以后,逃避侦查或者审判的,不受追诉期限的限制。

被害人在追诉期限内提出控告,人民法院、人民检察院、公安机关应当立案而不予立案的,不受追诉期限的限制。

笔记区

第八十九条 追诉期限从犯罪之日起计算;犯罪行为有连续或者继续状态的,从犯罪行为终了之日起计算。

在追诉期限以内又犯罪的,前罪追诉的期限从犯后罪之日起计算。

纠纷解决技巧

刑法中关于追诉期限的规定,一方面,给了犯罪人被饶恕的机会,让其在惶恐不安中度过多年后,终于可以因不再被追诉,放下恐惧,继续正常的生活;另一方面,也告诫犯罪人,法律的宽容是有底线的,如果千方百计地逃避侦查或者继续作恶,那就很难走出一直被追诉的“死循环”。

选择题

关于追诉期限,以下说法中哪一项是正确的?(　　)①

A. 法定最高刑为 3 年有期徒刑的,经过 3 年就不再追诉

B. 法定最高刑为 5 年有期徒刑的,经过 5 年就不再追诉

C. 法定最高刑为 10 年有期徒刑的,经过 15 年就不再追诉

D. 法定最高刑为无期徒刑、死刑的,永远都会被追诉

① 答案:C。

笔记区

▶ 13. 清明节上坟烧纸不小心引起火灾，是犯罪吗？

案例

王某在某村老庄湾扫墓时，因烧冥纸不慎引燃墓边杂草，引发山林火灾，虽赶紧扑救，却未能控制火势。经鉴定，该山林火灾过火林地面积为10.137公顷，造成直接经济损失31.47万元。王某因犯失火罪被当地人民法院判处有期徒刑1年6个月，缓刑2年。

法律分析

失火罪，是指过失引起火灾，危害公共安全，致人重伤、死亡或者使公私财产遭受重大损失的行为。失火罪在刑法中属于危害公共安全的犯罪。所谓“公共安全”，是指不特定多数人的生命、健康或者重大公私财产安全。年满16周岁、心智正常、具有刑事责任能力的人都可以成为失火罪的主体。失火罪是一个过失犯罪。也就是说，行为人在主观方面是过失：要么是出于疏忽大意的过失，即行为人应当预见自己的行为可能引起火灾，因为疏忽大意而没有预见，致使火灾发生；要么是出于过于自信的过失，即行为人已经预见自己的行为可能引起火灾，但由于存在侥幸

笔记区

心理，轻信火灾能够避免，结果发生了火灾。无论是疏忽大意的过失，还是过于自信的过失，均是指行为人对发生火灾危害结果的心理态度，而不是对点火、烧纸等行为的心理态度。在实践中，有的行为人对引起火灾的行为是明知故犯的，比如，明知道在特定区域内禁止吸烟却仍然吸烟，但是其内心对火灾危害结果是不希望发生的。假如其内心希望火灾发生，积极追求火灾危害结果，那就不是失火罪，而是放火罪了。在本案中，王某扫墓烧纸不小心引燃了墓旁杂草，赶紧扑救的行为也表明其内心是不希望火灾发生的，其主观上对于危害结果是过失的心理态度，客观上造成了公私财产遭受重大损失的结果。因此，法院认定其成立失火罪。

知识链接

《中华人民共和国刑法》第一百一十五条 放火、决水、爆炸以及投放毒害性、放射性、传染病病原体等物质或者以其他危险方法致人重伤、死亡或者使公私财产遭受重大损失的，处十年以上有期徒刑、无期徒刑或者死刑。

过失犯前款罪的，处三年以上七年以下有期徒刑；情节较轻的，处三年以下有期徒刑或者拘役。

纠纷解决技巧

我国很多地方有清明扫墓烧纸祭祀的习俗。实际上，

笔记区

在野外烧纸的行为十分危险，特别在清明节前后，北方大部分地区天干物燥，正是火灾高发期，野外点火轻则导致林木烧毁，重则可能造成人身伤亡。几乎每年都可以在新闻中看到因扫墓烧纸、燃放鞭炮引起火灾的事例。为了避免再发生这样的悲剧，需要转变观念，改革旧俗，创新文明祭祀的方式，不要再因扫墓引发火灾而导致牢狱之灾。

选择题

失火罪的主观方面(　　)[①]。

A. 只能是故意

B. 只能是过失

C. 既可以是故意，也可以是过失

D. 既不是故意，也不是过失

① 答案：B。

笔记区

▶ 14. 偷大街上的下水道井盖拿去卖钱，是盗窃罪吗？

案例

董某某驾驶电动三轮车，多次到县城太行路盗窃该路段机动车道等处的下水道井盖和雨水篦子共100余个，后将盗窃的井盖和雨水篦子卖至某镇南王庄村等地的废品收购站。县人民法院以董某某犯破坏交通设施罪，判处其有期徒刑3年零6个月。董某某有点困惑：我犯的难道不是盗窃罪吗？

法律分析

偷盗下水道井盖（窨井盖）的行为表面上是盗窃行为，但实际上并没有那么简单：根据井盖所处的位置、井盖周围环境等不同，偷井盖行为所危害的对象以及危害程度不同，对行为性质的认定也会有所不同。具体来说，有以下几种情况：（1）盗窃、破坏正在使用中的社会机动车通行道路上的窨井盖，足以使汽车、电车发生倾覆、毁坏危险，尚未造成严重后果的，依照《中华人民共和国刑法》第117条的规定，以破坏交通设施罪定罪处罚；造成严重后果的，依照《中华人民共和国刑法》第119条第1款的规定处罚。

笔记区

过失造成严重后果的,依照《中华人民共和国刑法》第 119 条第 2 款的规定,以过失损坏交通设施罪定罪处罚。(2)盗窃、破坏人员密集往来的非机动车道、人行道以及车站、码头、公园、广场、学校、商业中心、厂区、社区、院落等生产生活、人员聚集场所的窨井盖,足以危害公共安全,尚未造成严重后果的,依照《中华人民共和国刑法》第 114 条的规定,按照以危险方法危害公共安全罪定罪处罚;致人重伤、死亡或者使公私财产遭受重大损失的,依照《中华人民共和国刑法》第 115 条第 1 款的规定处罚。过失致人重伤、死亡或者使公私财产遭受重大损失的,依照《中华人民共和国刑法》第 115 条第 2 款的规定,以过失以危险方法危害公共安全罪定罪处罚。(3)盗窃、破坏前述两种场所以外的其他场所的窨井盖,明知会致人受伤或者死亡的,分别以故意伤害罪、故意杀人罪定罪处罚。过失致人重伤或者死亡的,分别以过失致人重伤罪、过失致人死亡罪定罪处罚。(4)盗窃前述两种场所以外的其他场所的窨井盖,数额较大,或者多次盗窃的,以盗窃罪定罪处罚。故意毁坏前述两种场所以外的其他场所的窨井盖,数额较大或者有其他严重情节的,以故意毁坏财物罪定罪处罚。在本案中,董某某偷的是正在使用中的社会机动车通行道路上的下水道井盖和雨水篦子,该行为足以使行驶在该路段上的车辆发生倾覆、毁坏危险,危及公共安全,由于尚未造成

笔记区

严重后果，法院适用《中华人民共和国刑法》第 117 条的规定对其定罪处罚。

知识链接

《中华人民共和国刑法》

第一百一十五条　放火、决水、爆炸以及投放毒害性、放射性、传染病病原体等物质或者以其他危险方法致人重伤、死亡或者使公私财产遭受重大损失的，处十年以上有期徒刑、无期徒刑或者死刑。

过失犯前款罪的，处三年以上七年以下有期徒刑；情节较轻的，处三年以下有期徒刑或者拘役。

第一百一十七条　破坏轨道、桥梁、隧道、公路、机场、航道、灯塔、标志或者进行其他破坏活动，足以使火车、汽车、电车、船只、航空器发生倾覆、毁坏危险，尚未造成严重后果的，处三年以上十年以下有期徒刑。

第一百一十九条　破坏交通工具、交通设施、电力设备、燃气设备、易燃易爆设备，造成严重后果的，处十年以上有期徒刑、无期徒刑或者死刑。

过失犯前款罪的，处三年以上七年以下有期徒刑；情节较轻的，处三年以下有期徒刑或者拘役。

第二百六十四条　盗窃公私财物，数额较大的，或者多次盗窃、入户盗窃、携带凶器盗窃、扒窃的，处三年以下

笔记区

有期徒刑、拘役或者管制,并处或者单处罚金;数额巨大或者有其他严重情节的,处三年以上十年以下有期徒刑,并处罚金;数额特别巨大或者有其他特别严重情节的,处十年以上有期徒刑或者无期徒刑,并处罚金或者没收财产。

第二百七十五条 故意毁坏公私财物,数额较大或者有其他严重情节的,处三年以下有期徒刑、拘役或者罚金;数额巨大或者有其他特别严重情节的,处三年以上七年以下有期徒刑。

纠纷解决技巧

下水道井盖虽然小,但遍布城乡各个角落,它关系公民乃至公众的人身和财产安全,每一起因下水道井盖脱落或者被盗而导致的伤亡事故对于受害人及其家庭都是难以平复甚至无法挽回的创伤。所以,偷盗下水道井盖可不是小事。为了保护群众"脚底下的安全",最高人民检察院会同最高人民法院、公安部联合制定了《关于办理涉窨井盖相关刑事案件的指导意见》,最高人民检察院还曾经就窨井盖管理问题向住房和城乡建设部发出了《最高人民检察院检察建议书》(高检建〔2020〕4 号)(因是第 4 份以最高人民检察院名义发出的检察建议书,因而被称为"四号检察建议"),要求各地城建部门高度重视下水道井盖管理工作。作为普通公民,要清楚地认识偷盗下水道井盖的危

笔记区

害性，不要为“赚点小钱”而导致他人发生悲剧。

选择题

偷盗下水道井盖的行为，以下说法中错误的是(　　)①。

A. 该行为只能构成盗窃罪

B. 该行为可能构成故意杀人罪

C. 该行为可能构成故意伤害罪

D. 该行为可能构成以危险方法危害公共安全罪

① 答案：A。

笔记区

▶ 15. 没有通电的电缆线可以拿走吗?

案例

21时许,某镇派出所民警发现两名男子骑着一辆摩托车携带一个编织袋,形迹可疑,于是进行追查,现场缴获电缆线数扎。经审讯,两名男子交代了当晚在镇小学围墙处,盗剪了该处长约240米的电缆线。检察机关以破坏电力设备罪对两人提起公诉。在庭审中,两名被告人对检察机关指控的事实没有异议,但认为指控的罪名不正确。二人辩称,他们所盗剪的是已停电的电缆线,又没有造成什么后果,至多就是一般的盗窃罪。公诉机关指出,当晚被盗剪的4条电缆线是用来给镇小学和村委会供电的,当时之所以停电,只是因为该线路的变压器烧坏还没修好,导致暂时停电,而不是被废弃的。县人民法院以破坏电力设备罪,分别判处两名被告人有期徒刑3年,缓刑3年。

法律分析

破坏电力设备罪属于危害公共安全的犯罪;针对正在使用的电力设备实施破坏行为,才有可能危害公共安全。根据相关司法解释,本罪中的电力设备,是指正在使用的电力设备,包括:(1)处于运行、应急等使用中的电力设备;

笔记区

(2)已经通电使用,只是由于枯水季节或电力不足等原因暂停使用的电力设备;(3)已经交付使用但尚未通电的电力设备。如果是尚未安装完毕,或者已经安装完毕但尚未交付使用的电力设备,或者是闲置的或已经报废的电力设备,则不属于本罪中正在使用的“电力设备”。因此,根据电力设备是否处于正在使用的状态,对于盗窃电力设备的行为,应区分不同情况分别处理:盗窃电力设备,危害公共安全,但是不构成盗窃罪的(如电力设备的价值没有达到数额较大),以破坏电力设备罪定罪处罚;如果同时构成盗窃罪(电力设备的价值达到数额较大)和破坏电力设备罪,依照刑法处罚较重的规定定罪处罚。盗窃电力设备,没有危及公共安全,但应当追究刑事责任的,可以根据案件的不同情况,按照盗窃罪等犯罪处理。在本案中,两名被告人盗剪的电缆线已经通电使用,只是由于故障而暂时未能通电,仍应当认定为正在使用的线路。因此,两名被告人的行为构成破坏电力设备罪;而且因被盗电缆线价值数额较大,两名被告人的行为同时构成了盗窃罪,应依照处罚较重的规定定罪处罚。盗窃财物数额较大对应的量刑幅度是“三年以下有期徒刑、拘役或者管制”,而破坏电力设备尚未造成严重后果的对应的量刑幅度是“三年以上十年以下有期徒刑”,显然比盗窃罪的处罚要重。所以,对两名被告人应以破坏电力设备罪定罪处罚。

笔记区

知识链接

《中华人民共和国刑法》

第一百一十八条 破坏电力、燃气或者其他易燃易爆设备,危害公共安全,尚未造成严重后果的,处三年以上十年以下有期徒刑。

第一百一十九条 破坏交通工具、交通设施、电力设备、燃气设备、易燃易爆设备,造成严重后果的,处十年以上有期徒刑、无期徒刑或者死刑。

过失犯前款罪的,处三年以上七年以下有期徒刑;情节较轻的,处三年以下有期徒刑或者拘役。

纠纷解决技巧

盗窃电缆线的案件在农村地区是比较多见的。行为人都是为了卖了换钱,有些时候并不能十分清楚地区分哪些是正在使用的,哪些是未被使用的;因此,就会出现行为人自以为是一般的盗窃犯罪,却触犯了危害公共安全的犯罪的情况。而危害公共安全的犯罪通常处罚要更重。在基层普法中要提醒群众,电缆线不是普通财物,不要打电缆线的歪主意;否则,犯罪的后果以及受到的刑罚处罚可能会超过自己的预期。

笔记区

选择题

盗窃以下哪种设备不会构成破坏电力设备罪？（　　）①

A. 已经安装完毕但尚未交付使用的电力设备

B. 处于运行、应急等使用中的电力设备

C. 已经通电使用，由于枯水季节而暂停使用的电力设备

D. 已经交付使用但尚未通电的电力设备

① 答案：A。

笔记区

▶ 16. 在网上看到色情小视频,可以转发给别人吗?

案例

2019年年底至2020年10月,王某在其打工所租住的房屋内,注册社交账号并在上面转发、传播淫秽视频,该账号关注者达2万人以上,其中多部淫秽视频观看次数达2万次以上。2020年10月底,王某被公安机关抓获。法院判决被告人王某犯传播淫秽物品罪,判处其有期徒刑8个月。同时,王某的笔记本电脑一台、手机一部被依法没收。

法律分析

传播淫秽物品犯罪,是指传播淫秽的书刊、影片、音像、图片或者其他淫秽物品,扰乱社会管理秩序的行为。我国现行刑法中传播淫秽物品犯罪包括两个罪名:一个是《中华人民共和国刑法》第364条规定的传播淫秽物品罪;另一个是《中华人民共和国刑法》第363条规定的传播淫秽物品牟利罪。传播淫秽物品犯罪侵犯了国家对文化市场的管理秩序和妨害社会风化,特别是不利于未成年人树立正常、健康的性观念,对其身心健康造成危害,并且极易诱发违法犯罪活动,因而为我国刑法所禁止。作为犯罪对

笔记区

象的淫秽物品，是指具体描绘性行为或者露骨宣扬色情的淫秽性书刊、影片、录像带、录音带、图片及其他淫秽物品。传播淫秽物品罪在客观方面表现为传播淫秽的书刊、影片、音像、图片或者其他淫秽物品，情节严重的行为。本罪的传播方式包括播放、出借、运输、携带、展览、发表、邮寄、利用计算机网络技术传播等行为。实施传播淫秽物品罪行为，情节严重的，构成传播淫秽物品罪。本罪的主体为一般主体，即年满 16 周岁并具有刑事责任能力的自然人，单位也可构成本罪。传播淫秽物品罪的成立并不要求行为人以牟利为目的。本案被告人王某不以牟利为目的，其通过互联网传播淫秽物品也没有获得物质利益，但其传播的淫秽视频实际被点击数远超过 2 万次，属于情节严重，因而被认定为传播淫秽物品罪。如果王某以牟利为目的传播淫秽物品，则构成传播淫秽物品牟利罪；并且要注意的是，以牟利为目的传播淫秽物品，无须达到情节严重，即可构成犯罪。

知识链接

《中华人民共和国刑法》

第三百六十三条　以牟利为目的，制作、复制、出版、贩卖、传播淫秽物品的，处三年以下有期徒刑、拘役或者管制，并处罚金；情节严重的，处三年以上十年以下有期徒

笔记区

刑，并处罚金；情节特别严重的，处十年以上有期徒刑或者无期徒刑，并处罚金或者没收财产。

为他人提供书号，出版淫秽书刊的，处三年以下有期徒刑、拘役或者管制，并处或者单处罚金；明知他人用于出版淫秽书刊而提供书号的，依照前款的规定处罚。

第三百六十四条 传播淫秽的书刊、影片、音像、图片或者其他淫秽物品，情节严重的，处二年以下有期徒刑、拘役或者管制。

组织播放淫秽的电影、录像等音像制品的，处三年以下有期徒刑、拘役或者管制，并处罚金；情节严重的，处三年以上十年以下有期徒刑，并处罚金。

制作、复制淫秽的电影、录像等音像制品组织播放的，依照第二款的规定从重处罚。

向不满十八周岁的未成年人传播淫秽物品的，从重处罚。

纠纷解决技巧

网络时代既带来了生活的便捷和资讯的发达，也潜伏着风险。如今，刷网络音视频已经成为很多人打发时间的主要消遣方式。网络上的音视频五花八门，内容良莠不齐，作为普通群众，在浏览、下载和转发音视频时要擦亮眼睛，避免因为一时的好奇或者无聊"恶搞"等动机，下载或

笔记区

者转发了违法的音视频，给自己带来麻烦。特别是未成年人，好奇心和可塑性强，尚不具有成熟的辨别力，互联网上的音视频对他们的人生观、价值观包括性观念都会产生巨大影响。因此，在基层普法活动中，要提醒未成年人的监护人关注孩子的上网情况，防止孩子受到不良视频的引诱和误导。

选择题

以下说法中正确的是(　　)[①]。

A. 在微信群里转发淫秽视频，不构成犯罪

B. 不以牟利为目的转发淫秽视频的，不构成犯罪

C. 将含有性行为描写的文学名著借给别人看，不构成传播淫秽物品罪

D. 上面几种情形都构成犯罪

---

① 答案：C。

笔记区

▶ 17. 盗取通信公司网络基站内的机器设备配件，是盗窃罪吗？

案例

何某于某日凌晨悄悄潜入了某移动网络基站内，利用随身携带的钳子、撬棍、扳手等工具，盗取基站内正在运行的机器设备配件，导致该基站服务区内直径为800米范围内的3000名用户通信网络中断，中断时间长达7个小时后恢复正常。何某被基站巡查人员和民警现场抓获。民警现场扣押何某随身携带的钳子一把、撬棍一根、扳手一把以及犯罪所得接地铜排一根。法院审理后判决被告人何某犯破坏公用电信设施罪，判处有期徒刑3年。

法律分析

通信公司的公共通信设施用于为社会提供公共通信服务，公共通信直接关系社会秩序的正常运行。公共通信设施一旦遭到破坏，不仅会给一定地域范围内公众的正常生活带来不便，还可能会导致重大公共信息无法及时发布，或者火警、匪警、交通事故报警、医疗急救、抢险救灾等通信中断，从而造成人员伤亡和社会秩序混乱；因此，对这些设施的破坏行为会危害公共安全。基于此，刑法在“危

笔记区

害公共安全罪”一章中规定了破坏广播电视设施、公用电信设施罪和过失损坏广播电视设施、公用电信设施罪。这两个罪的主体都是一般主体，即年满16周岁以上的人。这两个罪的犯罪对象都是正在使用的广播电视设施和公用电信设施。如果故意破坏的不是正在使用的广播电视设施和公用电信设施，而是闲置的、已经报废或者尚未投入使用的相关设施，因不会危害公共安全，不构成破坏广播电视设施、公用电信设施罪，但可能构成故意毁坏财物罪。盗窃广播电视设施、公用电信设施价值数额不大，但是危害公共安全的，以破坏广播电视设施、公用电信设施罪定罪处罚；盗窃广播电视设施、公用电信设施同时构成盗窃罪和破坏广播电视设施、公用电信设施罪的，依照处罚较重的规定定罪处罚。在本案中，被告人何某盗窃移动公司基站内正在运行的机器设备配件，导致该基站服务区内直径为800米范围内的3000名用户通信网络中断长达7个小时，危害公共安全，已构成破坏公用电信设施罪；其盗窃所得仅为接地铜排一根，数额不大，不构成盗窃罪。因此，法院对其以破坏公用电信设施罪定罪处罚。

知识链接

《中华人民共和国刑法》第一百二十四条　破坏广播电视设施、公用电信设施，危害公共安全的，处三年以上七

笔记区

年以下有期徒刑；造成严重后果的，处七年以上有期徒刑。

过失犯前款罪的，处三年以上七年以下有期徒刑；情节较轻的，处三年以下有期徒刑或者拘役。

纠纷解决技巧

广播电视设施和公用电信设施是关系公共安全的重要设施。从性质和后果上来讲，危害公共安全的犯罪是比普通的盗窃罪要严重得多的犯罪。因此，普通群众要增强法律意识，不要打广播电视设施和公用电信设施的歪主意。有关部门对于地处偏僻地段的广播电视设施和通信设备设施要加强日常管理和巡查，安装必要的安防设备，不让犯罪分子有机可乘。

选择题

关于破坏广播电视设施、公用电信设施罪，以下说法中不正确的是(　　)①。

A. 本罪的对象必须是正在使用的电视设施、公用电信设施

B. 15 周岁的人可以成立本罪

C. 盗窃尚未投入使用的公用电信设施，不构成本罪

D. 盗窃公用电信设施的同时，构成盗窃罪和破坏公用电信设施罪的，依照处罚较重的规定定罪处罚

---

① 答案：B。

笔记区

▶ 18. 过节时自制烟火燃放，是犯罪吗？

案例

柴某，男，32岁，因其妻子在某市打工不愿回家，2011年12月，他来到妻子打工所在地，想好好做做妻子的思想工作，让她春节时跟自己回家过年。因为当初认识妻子时，她非常喜欢烟花，这次从老家出来，柴某就特地买了几个礼炮，并把烟花子拆出来带在行李箱里，准备在元旦时燃放成心形图案，以表明自己对妻子的爱意。2011年12月31日，柴某待在旅馆里等待妻子下班过来一起过节，他用一个喝空的饮料罐，把烟花子灌到里面，并将3根导火引线拧在一起塞进罐子，自造了一个"烟花礼炮"。待妻子来了以后，柴某便在楼顶燃起了礼炮。旅馆老板遂报警，柴某被警察查获。当地法院判决柴某犯非法制造爆炸物罪，判处其有期徒刑3年，缓刑3年。

法律分析

在我国，枪支、弹药、爆炸物都属于严格管控的物品，不经合法审批程序，任何个人和单位都不得持有此类物品，更不要说制造、买卖、运输、邮寄和储存了；因为这些物品关系公共安全，一旦失控，可能会造成严重后果。非

笔记区

法制造、买卖、运输、邮寄、储存、枪支、弹药、爆炸物罪的主体既包括自然人，也包括单位。单位犯本罪的，既处罚单位，也处罚相关责任人。要注意的是，这个罪是选择性罪名，只要实施其中一种行为，就构成犯罪（罪名根据实施的行为来确定），而不是实施所有的行为才成立犯罪。比如，行为人只实施了非法制造枪支的行为，成立非法制造枪支罪；如果其非法制造、买卖了枪支、弹药，那么就成立非法制造、买卖枪支、弹药罪。根据我国有关法律规定，只有经过严格的审批程序，具有合法资质、获得安全生产许可证的企业才可以依法制造枪支、弹药、爆炸物。本案被告人柴某对制造烟火药行为的违法性认识比较淡薄，为制造浪漫、讨妻子欢心而私自制造爆炸物的行为构成了非法制造爆炸物罪。由于枪支、弹药、爆炸物均属对公共安全有巨大威胁的物品，本罪的法定刑是比较重的，以 3 年有期徒刑为起点。法院在认定柴某的行为成立非法制造爆炸物罪的情况下，考虑到其主观上动机单纯、没有危害公共安全的恶意，因而对其判处了本罪的法定最低刑。

知识链接

《中华人民共和国刑法》第一百二十五条　非法制造、买卖、运输、邮寄、储存枪支、弹药、爆炸物的，处三年以上

笔记区

十年以下有期徒刑；情节严重的，处十年以上有期徒刑、无期徒刑或者死刑。

非法制造、买卖、运输、储存毒害性、放射性、传染病病原体等物质，危害公共安全的，依照前款的规定处罚。

单位犯前两款罪的，对单位判处罚金，并对其直接负责的主管人员和其他直接责任人员，依照第一款的规定处罚。

纠纷解决技巧

枪支、弹药、爆炸物因具有极大的杀伤力而一直被作为严格管控的物品。普通人对枪支、弹药有较明确的认识，但对爆炸物的认识可能不是很清晰。在有些农村地区，多年来有在过年过节时自造烟火燃放的习惯。由于过去在基层有些地方对爆炸物的管控不够严格和规范，很多人对此习以为常，以为这并不违法。随着国家对危险物品管控的严格化和规范化，社会的发展使公共安全的范围不断扩大，这样的行为已经不被允许了。在基层普法工作中，要强化普通民众对此类危险行为违法性的认识，烟花虽然浪漫，但也要依法燃放。

笔记区

选择题

以下说法中不正确的一项是(　　)[1]。

A. 枪支、弹药、爆炸物属于违禁品,未经审批,任何人都不得买卖

B. 非法制造枪支、弹药、爆炸物罪是一个选择性罪名

C. 非法制造枪支、弹药、爆炸物罪的成立不需要情节严重

D. 单位犯非法制造危险物质罪的,只处罚单位

① 答案:D。

笔记区

▶ 19. 我的车借给别人开，撞死了人，我要负责吗？

案例

某天，胡某与朋友周某聚会喝酒。饭后周某说，第二天想借胡某的车去办事，胡某说："今天就可以借给你，你把我送回家，然后把车开走。"周某说："今天喝酒了，怕不安全，叫个代驾吧。"胡某不耐烦地说："你咋这么婆婆妈妈的？不敢开，我就不借给你了。"然后，胡某上车坐在副驾驶位置，周某犹豫了一下，也上了车。周某开车行至某镇一个交叉路口时，将一位老太太撞倒。周某当即停车并拨打报警电话和急救电话。停车后，胡某离开现场，周某待救护车到达并将伤者送上救护车后，步行回家，在返家途中被赶到的警察抓获。当晚10时许，胡某到公安机关投案自首。事后，被撞老太太经抢救无效死亡。经检测，周某和胡某的血液样品中酒精浓度均已超过法定酒驾标准。市公安局交警大队认定，周某、胡某共同承担事故的全部责任。法院经审理认为，周某和胡某都构成交通肇事罪，判处周某有期徒刑2年，判处胡某有期徒刑2年，均缓刑2年。胡某想不通："我的车借给别人开，出了事故为什么我要负责呀？"

法律分析

笔记区

关于交通肇事罪，其一，交通肇事罪的成立以行为人违反交通运输管理法规为前提。其二，交通肇事罪是结果犯，本罪的成立以发生重大事故，致人重伤、死亡或者使公私财产遭受重大损失为必备条件。如果虽有违章驾驶行为，但没有发生重大事故造成伤亡或者财产重大损失结果，则不构成交通肇事罪。其三，交通肇事罪是过失犯罪。这里的“过失”是指行为人对于发生重大事故造成严重后果的心理态度，而不是指其对违反交通法规的行为的心理态度。在交通肇事案件中，行为人违反交通运输管理法规往往是明知的、故意的，但是因为对于自己的驾驶技术过于自信或者对行驶环境熟悉而存在侥幸心理，其对于违章行为可能导致重大事故并造成严重后果，在主观心态上是不希望的。其四，交通肇事罪的主体不仅限于从事交通运输的人员（如交通工具的驾驶员），非交通运输人员（如行人）也可以成立本罪，例如，在实践中就有因行人闯红灯与正常行驶中的摩托车发生碰撞，造成摩托车上的乘客摔下死亡，行人因而被判交通肇事罪的案例。其五，交通肇事后应立即报警并救助伤者，肇事后逃逸或者因逃逸致人死亡会导致刑罚加重。如果将伤者带离现场隐藏或者遗弃，导致伤者无法得到救助而死亡或者严重残疾，则成立故意

笔记区

杀人罪或者故意伤害罪。在本案中,周某违反交通法规,饮酒后驾驶机动车上路行驶,发生交通事故致人死亡,其行为已构成交通肇事罪;胡某作为车主,虽然没有亲自驾驶肇事车辆,但在明知周某饮酒的情形下,仍然指使他违反交通运输管理法规驾驶机动车上路,发生交通事故并致人死亡,根据相关司法解释的规定,其行为也构成交通肇事罪。

知识链接

《中华人民共和国刑法》第一百三十三条 违反交通运输管理法规,因而发生重大事故,致人重伤、死亡或者使公私财产遭受重大损失的,处三年以下有期徒刑或者拘役;交通运输肇事后逃逸或者有其他特别恶劣情节的,处三年以上七年以下有期徒刑;因逃逸致人死亡的,处七年以上有期徒刑。

最高人民法院《关于审理交通肇事刑事案件具体应用法律若干问题的解释》第七条 单位主管人员、机动车辆所有人或者机动车辆承包人指使、强令他人违章驾驶造成重大交通事故,具有本解释第二条规定情形之一的,以交通肇事罪定罪处罚。

纠纷解决技巧

交通肇事罪是生活中常见多发的一种犯罪。汽车在

笔记区

农村地区也已经普及，但合法驾驶、安全驾驶的观念和意识还有待提高。很多人以为发生交通事故时，只有驾驶员本人才承担责任；但其实并不尽然：在将车辆租赁或者借给他人的情况下，除车辆使用人对事故的发生承担法律责任外，机动车所有人、管理人对事故的发生具有过错的，也要承担相应的法律责任。因此，人人都要树立遵守交通运输管理法规、安全出行的观念；车辆的所有人或者管理人，无论是不是坐在驾驶位置，也应如此。

选择题

下列说法中不正确的一项是(　　)①。

A. 酒后开车发生事故，导致1人死亡的，构成交通肇事罪

B. 无驾驶资格驾驶机动车，导致1人死亡的，构成交通肇事罪

C. 交通肇事后把伤者转移到隐蔽处，致人死亡的，仍然应认定为交通肇事罪

D. 因行人违章而导致车辆相撞，发生重大事故，造成人员伤亡的，行人构成交通肇事罪

---

① 答案：C。

笔记区

▶ 20. 喝酒后在村道上开车是犯罪吗？

案例

某晚，某县交警队开展夜查酒驾醉驾行动。晚 9 时左右，交警在某村巡逻时发现一辆轿车见到警车突然减速，怀疑驾驶人很可能是酒驾。在示意该车停车后，交警对驾车男子李某进行了酒精呼气式检测，检测结果为 92mg/100ml，达到了醉酒驾驶机动车的标准。李某 2008 年就取得了 B2 证，从事开吊车工作，当晚和朋友在一家烧烤店吃烧烤，喝了几瓶啤酒。散席后，李某心存侥幸，以为在村内道路上不会有交警查酒驾，就载着两名朋友回家，结果被交警查获。李某认为，我就是在村道上开车，又没上国道，不是犯罪吧？

法律分析

危险驾驶行为不仅将驾驶者自己置于危险之中，也威胁道路上其他人的安全。虽然没有发生严重后果甚至没有发生任何交通事故，但该行为本身已经对公共安全造成了危险，刑法认为其已经具有了处罚的必要性，因此规定了危险驾驶罪。本罪中的“道路”，根据道路交通安全法的规定，是指公路、城市道路和虽在单位管辖范围但允许社会机动车通行的地方，包括广场、公共停车场等用于公众通行的场所。从行为看,危险驾驶罪包括四种情况:(1)追逐竞驶,情节恶劣的。追逐竞驶,就是俗称的“飙车”,在密集车流中反复并线、曲折穿插、多次闯红灯、大幅超速行驶,或者饮酒后在道路上驾驶机动车追逐竞驶,或者无驾驶资格在道路上驾驶机动车追逐竞驶等,都属于“追逐竞驶,情节恶劣”。(2)醉酒驾驶机动车的。根据有关规定,车辆驾驶人员每100毫升血液中酒精含量大于等于20毫克小于80毫克的属于饮酒驾驶,大于等于80毫克的属于醉酒驾驶。(3)从事校车业务或者旅客运输,严重超过额定乘员载客,或者严重超过规定时速行驶的。这里的“旅客运输”仅是指以机动车为运输工具的道路客运业务。根据公安部的有关文件,“严重超过额定乘员载客”包括三种情形:驾驶大型载客汽车,载客超过额定乘员50%以上或者超过额定成员15人以上的;驾驶中型载客汽车,载客超过额定乘员80%以上或者超过额定成员10人以上的;驾驶小型、微型载客汽车,载客超过额定乘员100%以上或者超过额定成员7人以上的。“严重超过规定时速行驶”包括四种情形:在高速公路、城市快速路上行驶,超过规定时速50%以上,且行驶时速达到90公里以上;在高速公路、城市快速路以外的道路上行驶,超过规定时速100%以上,且行驶时速达到60公里以上的;通过铁路道口、急弯路、窄路、窄桥或者在冰雪、泥泞的道路上行驶,或者掉头、转

笔记区

弯、下陡坡,以及遇雾、雨、雪、沙尘、冰雹等低能见度气象条件时,超过规定时速50%以上,且行驶时速达到30公里以上的;通过傍山险路、连续下坡、连续急弯等事故易发路段,超过规定时速50%以上,且行驶时速达到30公里以上的。(4)违反危险化学品安全管理规定运输危险化学品,危及公共安全的。在该案中,李某的酒精检测结果已超过醉酒标准(80mg/100ml),属于醉酒驾驶,虽然是在村道上开车,但村道也属于公共道路。因此,其行为对于公共安全具有危险性,构成危险驾驶罪。

知识链接

《中华人民共和国刑法》第一百三十三条之一 在道路上驾驶机动车,有下列情形之一的,处拘役,并处罚金:

(一)追逐竞驶,情节恶劣的;

(二)醉酒驾驶机动车的;

(三)从事校车业务或者旅客运输,严重超过额定乘员载客,或者严重超过规定时速行驶的;

(四)违反危险化学品安全管理规定运输危险化学品,危及公共安全的。

机动车所有人、管理人对前款第三项、第四项行为负有直接责任的,依照前款的规定处罚。

有前两款行为,同时构成其他犯罪的,依照处罚较重的规定定罪处罚。

笔记区

纠纷解决技巧

酒后开车、超载运输等都是危险行为,这种现象在农村地区是比较多见的。原因在于:一是有些人法律意识比较淡薄;二是侥幸心理太强,尤其是驾龄较长的司机,更容易盲目相信自己的驾驶技术而忽略了行为的危险性。据调查研究,在司法机关办理的醉酒型危险驾驶刑事案件中,驾龄较长的司机所占比例更高。行车安全既关系驾驶人自己的生活,也关系车上和路上其他人的生命,不能马虎,也不应心存侥幸。不出事则已,一出事就是惨痛的教训。所以,基层普法中要加强危险驾驶罪的宣传,提醒人们牢记并养成"喝酒不开车,开车不喝酒"的习惯。

选择题

以下哪种情形不构成危险驾驶罪?(　　)①

A. 追逐竞驶,情节恶劣

B. 醉酒后在自家院子里开车转圈

C. 校车严重超过额定乘员载客,并严重超过规定时速行驶

D. 违反危险化学品安全管理规定运输危险化学品,危及公共安全

---

① 答案:B。

笔记区

21. 在公交车上殴打司机会被判刑吗?

案例

某日上午,王某在某市A站点乘坐公交车,准备前往B站。在公交车开过B站,驶离B站站点时,王某忽然反应过来,对司机说她坐过站了,要求司机立刻停车,她要下车。而公交车司机以公交车已开出公交站为由拒绝了王某的请求。王某怒火中烧,举起手里的一箱牛奶朝司机砸去,公交车司机随即闪避,导致公交车与一辆正常行驶的小轿车发生了碰撞。车上乘客拨打了报警电话,警方抵达现场后将王某带走。王某对自己的行为供认不讳,认罪认罚。

法律分析

近年来,在公共交通工具上殴打公交车司机、抢夺方向盘等妨害公共安全驾驶的行为时有发生,不仅影响了道路交通安全,还有可能造成严重的人员伤亡和财产损失。2019年1月,最高人民法院、最高人民检察院、公安部出台了《关于依法惩治妨害公共交通工具安全驾驶违法犯罪行为的指导意见》,2020年12月26日通过《中华人民共和国刑法修正案(十一)》,明确设立了妨害安全驾驶罪。妨害安全驾驶罪,是指对正在行驶中的公共交通工具的驾驶人员使用暴力或者抢方向盘等操作装置,干扰公共交通工具正常行驶,危及公共安全的行为。公共交通工具上的乘客和驾驶人员都能构成本罪;驾驶人员在车辆行驶过程中,擅自离开驾驶位或松开方向盘与他人互殴,也会构成本罪。对于在公交车上殴打司机的行为,如果影响了公交车的正常行驶,危及不特定多数人的生命、财产安全,就会构成妨害安全驾驶罪;如果乘客仅仅是对司机进行辱骂、实施轻微暴力,没有影响公交车的正常行驶,不宜作为犯罪处理;违反治安管理处罚法规定的,依法予以治安处罚。

知识链接

《中华人民共和国刑法》第一百三十三条之二 对行驶中的公共交通工具的驾驶人员使用暴力或者抢控驾驶操纵装置,干扰公共交通工具正常行驶,危及公共安全的,处一年以下有期徒刑、拘役或者管制,并处或者单处罚金。

前款规定的驾驶人员在行驶的公共交通工具上擅离职守,与他人互殴或者殴打他人,危及公共安全的,依照前款的规定处罚。

有前两款行为,同时构成其他犯罪的,依照处罚较重的规定定罪处罚。

纠纷解决技巧

在日常生活中,人们乘坐公交车时,往往会因为各种

笔记区

原因导致上错车或是坐过站；但是无论出于什么原因，在下一站点进行换乘或者返程都是理性选择，切勿作出殴打、拉扯驾驶人员，抢夺方向盘等妨害安全驾驶的行为。妨害安全驾驶罪的设立，向全社会传递了司法机关惩治妨害安全驾驶违法犯罪行为的决心。司乘人员之间应当相互尊重与体谅，乘客应该增强安全意识和法律意识，尊重公交车司机，共同创造和谐的乘车环境；不要在车辆行驶过程中因个人恩怨或个人得失，逞口舌之快，对正在驾车的司机实施辱骂、殴打等妨害驾驶的行为。如果认为司机未按规定行车或停车，可以通过正当程序向其主管部门进行投诉，切勿干扰司机的正常驾驶，更不要实施妨碍司机的危险举动。

选择题

张某由于忘带公交卡，在乘坐公交车时与司机发生争执，辱骂、殴打司机，司机及时停车，未造成人员伤亡。张某构成（　　）[①]。

A. 无罪　　B. 交通肇事罪

C. 妨害安全驾驶罪　　D. 以危险方法危害公共安全罪

---

① 答案：C。

笔记区

▶ 22. 盖房发生房塌人亡事故，要承担刑事责任吗？

案例

某日，杨某得知自家老房可能要拆迁的消息，为了能够在拆迁时获得更多的补偿款，杨某决定在自家两层楼房上加盖第三层。为了降低成本，将修建房屋的工程承包给了无建筑从业资格的樊某和宋某。樊某和宋某临时招募20余名民工随即开始施工。樊某和宋某等人为了便于施工，雇用吊车将其购买的大量建筑材料运送至二楼楼顶，致使该房屋二楼楼顶预制板断裂，建筑物残块掉落一楼，导致一楼住户二人被建筑物残块埋压死亡。后经相关部门鉴定，房屋二层楼顶预制板施工荷载过大是造成事故发生的主要原因，杨某房屋为自建屋，建造标准较低，预制板端与墙体间无有效连接是导致事故发生的次要原因。

法律分析

在现实生活中，很多人在自建房屋或者加盖房屋时会将工程承包给没有建筑从业资格的人，一旦发生意外，要根据双方对损害结果有无过失来确定责任的承担。我国法律明确规定，村民在房屋建设前应向相关部门提出申

笔记区

请,取得乡村建设规划许可证。村民在进行房屋加盖时,应委托有资质的设计单位进行设计,聘请有资质的施工单位承建。在生产、作业中违反有关安全管理的规定,因而发生重大伤亡事故或造成其他严重后果的,会构成重大责任事故罪。重大伤亡事故,是指死亡1人以上或者重伤3人以上。其他严重后果,是指造成直接经济损失100万元以上,或者其他造成严重后果或者重大安全事故的情形。重大责任事故罪的主体包括对生产、作业负有组织、指挥或者管理职责的负责人、管理人员、实际控制人、投资人等人员,以及直接从事生产、作业的人员。本罪是过失犯罪,行为人应当预见其行为可能造成重大伤亡或者其他严重后果,但是由于疏忽大意而没有预见或者已经预见却轻信可以避免,最终导致严重后果发生。在本案中,杨某在没有取得乡村建设规划许可证的前提下,违法违规加盖自家楼房,并且选择了没有建筑从业资格的樊某和宋某,违反了安全管理规定,在主观上存在过失,造成二人死亡的重大后果,依法应承担刑事责任。

知识链接

《中华人民共和国刑法》第一百三十四条 在生产、作业中违反有关安全管理的规定,因而发生重大伤亡事故或者造成其他严重后果的,处三年以下有期徒刑或者拘役;

笔记区

情节特别恶劣的，处三年以上七年以下有期徒刑。

强令他人违章冒险作业，或者明知存在重大事故隐患而不排除，仍冒险组织作业，因而发生重大伤亡事故或者造成其他严重后果的，处五年以下有期徒刑或者拘役；情节特别恶劣的，处五年以上有期徒刑。

纠纷解决技巧

房屋由于政府征收用地或其他的原因而拆迁，依照法律规定的程序要给予被征地的组织和农民进行合理补偿和妥善安置。我国相关法律法规规定，房屋征收范围确定之后，不允许在房屋征收范围内实施新建、扩建、改建房屋等不当增加补偿费用的行为；否则，不予补偿。由于不懂法且抱有侥幸心理，有的人在拆迁之前偷偷抢盖房屋，这不仅占不到便宜，还可能会失去原有的补偿款；并且一旦发生意外，造成严重后果，还要承担法律责任。抢盖房屋不可取，生命安全并非儿戏。在面临拆迁时，正确做法是要确认建设项目是否合法，是否有批文，补偿标准是否合理，积极提出自己对拆迁方案的意见，拆迁工作开始后配合征地单位进行拆迁工作。因生活需要自建房屋时，也应当按照法律法规和法定程序进行审批，并委托有资质的单位进行设计和施工，施工现场要配备相应的安全防护措施。作为施工人员，自身也要提高安全防护意识和自我保

笔记区

护意识，按照规定操作，才能保证施工的安全进行。

选择题

孙某听说自家房屋将要拆迁，为获得更多补偿，计划再加盖一层彩钢房，并把工程包给了没有资质的王某，要求王某一周内盖好，结果到收工时，加盖的二楼层突然倒塌，掉落的彩钢板砸到了 2 名工人，造成一死一伤。孙某构成（　　）[1]。

A. 过失致人死亡罪

B. 重大劳动安全事故罪

C. 重大责任事故罪

D. 意外事件

① 答案：C。

笔记区

▶ 23. 未经依法批准或者许可,擅自从事矿山开采活动,是犯罪吗?

案例

林某和赵某为获取非法利益,合谋在未取得采矿许可证的情况下,合伙承包了禁采区内的A号矿山。林某与赵某组织工人对A号矿山的主井、副井进行施工,开采矿石,并将开采的矿石对外销售牟利。经估算,开采的方解石有1907立方米5005吨,大理岩矿有307立方米830吨,资源价值为28.44万元。后被他人举报案发,公诉机关指控二人构成非法采矿罪。

法律分析

矿产资源的所有权属于国家,国家保障矿产资源的合理开发利用。我国对于矿产资源开采的管理是通过授权县级以上地质矿产主管部门颁发采矿许可证的形式进行的;凡没有采矿许可证或没有通过合法途径取得采矿许可证的,均视为非法采矿,情节严重的会构成非法采矿罪。根据最高人民检察院与公安部2017年发布的《关于公安机关管辖的刑事案件立案追诉标准的规定(一)的补充规定》,非法采矿“情节严重”的情况包括:开采的矿产品价值

笔记区

或者造成矿产资源破坏的价值在10万元至30万元以上的（各省、自治区、直辖市司法机关可以根据本地区实际情况，在此幅度内确定本地区执行的具体数额标准）；在国家规划矿区、对国民经济具有重要价值的矿区采矿，开采国家规定实行保护性开采的特定矿种，或者在禁采区、禁采期内采矿，开采的矿产品价值或者造成矿产资源破坏的价值在5万元至15万元以上的；2年内曾因非法采矿受过2次以上行政处罚，又实施非法采矿行为的；造成生态环境严重损害的；其他情节严重的情形。除无证采矿外，在采矿许可证被注销、吊销的情况下继续开采矿产资源的、在采矿许可证被依法暂扣期间擅自开采的、超越采矿许可证规定的矿区范围开采矿产资源的，也都有可能构成非法采矿罪。在本案中，林某与赵某在未取得采矿许可证的前提下，擅自在禁采区内开采矿产资源，资源价值达到28.44万元，应当认定为"情节严重"，构成非法采矿罪。

知识链接

《中华人民共和国刑法》第三百四十三条　违反矿产资源法的规定，未取得采矿许可证擅自采矿，擅自进入国家规划矿区、对国民经济具有重要价值的矿区和他人矿区范围采矿，或者擅自开采国家规定实行保护性开采的特定矿种，情节严重的，处三年以下有期徒刑、拘役或者管制，并处或者单处罚金；情节特别严重的，处三年以上七年以下有期徒刑，并处罚金。

违反矿产资源法的规定，采取破坏性的开采方法开采矿产资源，造成矿产资源严重破坏的，处五年以下有期徒刑或者拘役，并处罚金。

纠纷解决技巧

我国严禁任何单位或个人从事任何形式的非法开采行为。非法开采矿产资源，不仅违反国家对矿产资源的管理制度，同时还会破坏土地资源和生态环境。矿产资源属于不可再生资源，严格限制非法开采的原因在于：一些开采技术不成熟的矿山企业非法采矿会导致珍贵而有限的矿产资源遭到浪费；非法采矿一般不界定开采范围，并且大多不配备安全防护设备，往往使用破坏性很强的爆破手段，易造成人员的伤亡，存在一定的安全隐患；非法开采由于缺乏监管，在采矿活动中易采取违规方式操作，容易造成安全事故；非法开采中环保措施不完善，导致废弃物污染严重，会影响周边居民的正常生活，严重破坏生态环境。所以，不能任由个人、企业随意开采。即便是取得采矿许可证的矿山企业，也要依法开采，严格遵守国家关于矿产资源开采的相关规定，增强安全意识，加强技术知识培训，推进矿业开采技术创新，规范企业开采活动，杜绝违规

笔记区

操作。

选择题

下列行为构成非法采矿罪的是(　　)[1]。

A. 甲擅自在对国民经济具有重要价值的矿区采矿，开采的矿产品价值约 4 万元

B. 乙在未取得采矿许可证的情况下采矿，造成生态环境严重损害

C. 丙擅自进入国家规划矿区采矿，开采的矿产品价值约 3 万元

D. 丁未取得采矿许可证，开采的矿产品价值约 6 万元

① 答案：B。

笔记区

24. 教学楼坍塌导致学生死亡,校长要承担刑事责任吗?

案例

某日,某小学的教学楼突然坍塌,9岁的张某当场死亡,另有5名学生昏迷,多名学生受伤。在送往医院急救后,5名受伤严重的学生基本脱离生命危险,其他学生伤情也较稳定。据查,事故发生前一年,曾有家长向学校校长指出教室有坍塌危险,应予维修。后学校进行过简单维修,但因资金问题未进行全面的检查和修缮,就继续投入使用。事后,学生的父母认为学校应当承担该事故的全部责任,包括校长和有关人员的刑事责任和民事赔偿责任;而学校认为,学校已经进行了维修,事故的发生属于不可抗力,学校及其负责人员不该承担责任。

法律分析

根据《中华人民共和国教育法》的规定,设立学校要有符合规定标准的教学场所及设施、设备等。《中华人民共和国未成年人保护法》亦明确了学校应当建立安全管理制度,对未成年人进行安全教育,完善安保设施、配备安保人员,保障未成年人在校、在园期间的人身和财产安全;不得

笔记区

在危及未成年人人身安全、身心健康的校舍和其他设施、场所中进行教育教学活动。给学生提供安全的学习环境是学校的义务。明知校舍或者其他教育设施有危险，但不采取措施或者不及时报告，导致发生重大伤亡事故的，构成教育设施重大安全事故罪。本罪的主体是对校舍、教育教学设施负有采取安全措施的主管人员和直接责任人员。对于发生事故的严重后果，行为人在主观上是过失的心理态度。在本案中，家长已经提醒存在安全隐患，学校却仅是简单维修，在明知教室有不安全因素的情况下，仍未采取有效的安全措施，导致教室房顶坍塌，造成重大伤亡事故，校长以及相关责任人员难辞其咎，应构成教育设施重大安全事故罪。

知识链接

《中华人民共和国刑法》第一百三十八条 明知校舍或者教育教学设施有危险，而不采取措施或者不及时报告，致使发生重大伤亡事故的，对直接责任人员，处三年以下有期徒刑或者拘役；后果特别严重的，处三年以上七年以下有期徒刑。

纠纷解决技巧

学校要认真落实相关安全防范措施，保证校舍安全、饮食卫生安全、教学设施安全等；定期对校舍以及教学设施进行全面检查修缮，做好安全台账，发现问题及时向上级报告；学校要经常开展安全教育活动，增强学生的安全

笔记区

意识；制订应急预案，定期组织全体师生进行安全演练，防患于未然，以最大限度地减少损失，保障学校师生的生命与财产安全。在不幸发生安全事故后，学校要本着对学生负责的态度，第一时间主动报告，并立即按照制订的应急预案开展相应的救援工作，采取有效措施，组织抢救，防止事故损害扩大，减少人员伤亡和财产损失。在事故处理过程中要保持冷静，做好家长的安抚工作，积极主动查清事情真相。不隐瞒、不推卸，防止安全事故再发生。

选择题

下列哪种行为构成教育设施重大安全事故罪？（　　）①

A. 甲校校长请施工队对学校有安全隐患的食堂进行了安全加固，但由于地震导致食堂坍塌，造成数名学生伤亡

B. 乙校校长不知本校图书馆存在设计缺陷，某日图书馆突然坍塌，造成学生伤亡

C. 丙校校长明知本校一栋教学楼存在安全隐患，既不维修，也不向上级报告，导致重大伤亡事故发生

D. 丁校的教导主任发现学生宿舍存在倒塌危险，马上报告了校方，在学校组织学生撤出的过程中，宿舍倒塌，造成数人受伤

---

① 答案：C。

笔记区

25. 发生安全事故后，隐瞒事故情况，会被追究刑事责任吗？

案例

甲县A煤矿发生一起事故，造成多名人员被困。事故发生后，A煤矿值班队长立即向矿长范某报告了事故。范某在接到事故报告后未向地方政府有关部门及煤矿安全监察机构报告，瞒报了事故。2日后，政府有关部门接到举报，才展开现场抢险工作，导致5名矿工因得不到及时救助而死亡。

法律分析

我国法律明确规定，生产经营单位在发生安全事故后，应按照国家有关规定立即如实报告当地负有安全生产监督管理职责的部门。负有报告职责的人员不报或者谎报事故情况，延误事故抢救，如果未造成严重后果、没有达到情节严重的程度，则属于一般违法行为；情节严重的，构成不报、谎报安全事故罪，会被依法追究刑事责任。此外，负有报告职责的人员伪造、破坏事故现场，转移、藏匿受伤人员或遇难人员尸体，毁灭、隐匿与事故有关的记录、数据等资料及在事故抢救期间擅离职守或者逃匿的，也会构成犯罪。负有报告职责的人包括生产经营单位的负责人、实际控制人、投资人以及其他负有报告职责的人员。在本案中，A 煤矿发生事故，矿长作为负有报告职责的煤矿负责人，在接到事故报告后，故意隐瞒不报，也未立即采取有效措施展开救援，致使事故损害扩大，造成了重大的人员伤亡和经济损失，依法应受到刑罚处罚。

知识链接

《中华人民共和国刑法》第一百三十九条之一 在安全事故发生后，负有报告职责的人员不报或者谎报事故情况，贻误事故抢救，情节严重的，处三年以下有期徒刑或者拘役；情节特别严重的，处三年以上七年以下有期徒刑。

纠纷解决技巧

作为企业负责人，必须要认识到隐报、瞒报安全事故是严重的违法犯罪行为，为法律所不容。在日常生产过程中，要重视员工安全培训的重要性，组织员工学习安全生产方面的知识，落实主体责任，制订应急预案，定期排查隐患；尤其是在自然灾害易发生的时间节点，更要加强安全防范工作。不幸发生安全事故后，要及时上报，根据提前制订的应急预案采取有效措施，积极配合有关部门组织抢救，把事故损失降到最低；在事故后吸取教训，“举一反三”进行整改，积极赔偿受害人的损失。作为员工，要提高对

笔记区

安全生产重要性的认识，按规定操作，正确佩戴安全防护用具，对于不合规、不合法的要求勇敢说“不”，拿起法律武器保护自己，在工作时注意安全；事故发生时，要在保证自己生命健康的前提下，听从指挥，采取有效的救援措施，配合抢救。

选择题

下列构成不报、谎报安全事故罪的是（　　）①。

A. 某施工工地升降机操作工甲未注意下方有人，即按启动按钮，造成维修工张某当场身亡，甲报告事故时隐瞒了自己按下启动按钮的事实

B. 乙在施工场地卸货倒车时，不慎轧到装卸工人王某。因救护及时，王某并未受到严重伤害。后两人达成协议，并未向负责人汇报此次事故

C. 校长丙明知该校的学生宿舍有危险，而不及时报告，致使发生 15 名学生死亡的重大事故

D. 某煤矿发生透水瓦斯事故，21 名工人被困。事故发生后，矿长丁隐瞒事故情况。直至 3 日后政府接到举报，才展开现场抢险工作，最终 21 名工人全部死亡

① 答案：D。

笔记区

▶ 26. 在猪饲料里添加“瘦肉精”，构成什么犯罪？

案例

赵某在大学期间主修的是化学专业，大学毕业后决定自主创业。某日，赵某在和曹某聊天时得知，有一种产品可以加速脂肪的转化和分解，可以提高畜肉的瘦肉率，利润很高。于是赵某决定和曹某各自出资10万元，研发这种产品，即盐酸克伦特罗（俗称“瘦肉精”），并合伙经营了一个养猪场，将研发出来的盐酸克伦特罗用于猪饲料。两人约定，赵某负责研制盐酸克伦特罗，曹某负责销售，导致大量食用盐酸克伦特罗勾兑饲料的生猪和猪肉流入市场。某农产品批发市场在两人经营的摊位处批发购入了一批猪肉，供货给了某饭店。因上述猪肉含有“瘦肉精”，导致50余人食物中毒。

法律分析

食品安全一直都是老百姓最关心的问题。国家禁止“瘦肉精”在饲料和畜牧生产中使用，禁止用于所有食品动物。“瘦肉精”毒性强，对人体的危害极大。食用含有“瘦肉精”的猪肉，可能会引起中毒，轻则乏力、头痛、头晕、四肢肌肉颤动，重则恶心、呕吐、心悸、不能站立，甚至会诱发

笔记区

恶性肿瘤，危及生命。在生产、销售的食品中掺入有毒、有害的非食品原料或者销售明知是掺有有毒、有害的非食品原料的食品的，构成生产、销售有毒、有害食品罪。只要实施了在猪饲料里添加“瘦肉精”的行为，即便没有造成严重的损害后果，也会构成此罪。该罪的构成不要求一定要有实害结果的发生。在本案中，赵某和曹某明知使用“瘦肉精”作为饲料喂养的生猪被人食用后会危害人体生命健康，但为了牟取暴利，故意生产并销售，其行为构成生产、销售有毒、有害食品罪。

知识链接

《中华人民共和国刑法》第一百四十四条 在生产、销售的食品中掺入有毒、有害的非食品原料的，或者销售明知掺有有毒、有害的非食品原料的食品的，处五年以下有期徒刑，并处罚金；对人体健康造成严重危害或者有其他严重情节的，处五年以上十年以下有期徒刑，并处罚金；致人死亡或者有其他特别严重情节的，依照本法第一百四十一条的规定处罚。

纠纷解决技巧

食品安全是重中之重。不仅对“瘦肉精”严格监管，任何对人体有毒、有害的非食品原料都要进行严格监管。仅仅依靠刑法惩罚的严厉性不足以起到根本性的遏制作用，

笔记区

应加强监管，多主体共同发力。作为生猪养殖户，不仅要为消费者负责，也要为自己负责，做好自我把控，在养猪时要选择优良品种，购买品质良好的饲料，改进饲养方法，科学饲养，而不是走违法犯罪的“捷径”。作为企业，应该增强社会责任感，诚信守法经营，对于食品质量进行严格把关、做好自检，必要时到有资质的检测机构进行检验。作为消费者的民众，要增强食品安全意识、提高自己的辨别能力，购买猪肉时要在正规的市场或超市选择盖有检疫印章和检疫合格证明的猪肉，不要购买非正常渠道销售的猪肉；同时，加强对企业的监督，遇到食品安全问题，勇敢站出来举报，让维护食品安全成为一种全民行动。

选择题

杨某是养猪个体户，听邻居讲，给猪饲料里添加“瘦肉精”能够让猪长得更快，收益更高，于是杨某便购买了“瘦肉精”添加至猪饲料中，并将猪肉售卖，杨某构成(　　)①。

A. 生产、销售不符合安全标准的食品罪

B. 生产、销售伪劣产品罪

C. 生产、销售有毒、有害食品罪

D. 非法经营罪

① 答案：C。

笔记区

▶ 27. 生产、销售伪劣农药、兽药，会受到什么处罚？

案例

赵某在甲市注册成立A生物科技有限公司。赵某听说陈某在生产伪劣农药“菌三唑”(杀菌剂)，便联系购买陈某在位于乙市的农药厂内生产的伪劣农药“菌三唑”，由赵某以A生物科技有限公司销售员的名义将“菌三唑”共计200件(每件300包)销售给丙市、丁市等地的经销商，销售金额3.6万余元。当地农户从经销商处购买上述农药给小麦喷洒后，出现长势不良或不出穗等情况，导致600余农户的1600余亩小麦减产86万余斤，经济损失达86万余元。经鉴定，上述农药“菌三唑”多菌灵含量4.6%，硫黄含量7.8%，为不合格产品。

法律分析

农业是国民经济的基础，农资产品是农业生产的基础。假劣农资商品“坑农”的事件时有发生，不仅严重侵犯了国家对农业生产的质量监管制度，还会影响农业生产，影响农民收入和农村稳定。制售假冒伪劣农资产品使农业生产遭受重大损失的，会构成生产、销售伪劣农药、兽

笔记区

药、化肥、种子罪。本罪客观方面的行为主要包括以下几种情况:其一,故意生产假农药、假兽药、假化肥,这里对于“假”的认定,是指与国家标准、行业标准要求不相符。其二,明知是假的或者失效的农药、兽药、化肥、种子仍然销售,售卖没有使用价值的农资产品。其三,生产者、销售者以次充好的,用不合格的农药、兽药、化肥、种子冒充符合标准的农药、兽药、化肥和种子。生产、销售上述农资产品,使生产遭受较大损失的,构成犯罪。在本案中,赵某明知陈某的农药厂生产的是不合格农药,仍然购买陈某的伪劣农药并出售,导致600余农户的小麦减产,严重破坏了农业生产,危害很大,构成生产、销售伪劣农药、兽药、化肥、种子罪。

知识链接

《中华人民共和国刑法》第一百四十七条 生产假农药、假兽药、假化肥,销售明知是假的或者失去使用效能的农药、兽药、化肥、种子,或者生产者、销售者以不合格的农药、兽药、化肥、种子冒充合格的农药、兽药、化肥、种子,使生产遭受较大损失的,处三年以下有期徒刑或者拘役,并处或者单处销售金额百分之五十以上二倍以下罚金;使生产遭受重大损失的,处三年以上七年以下有期徒刑,并处销售金额百分之五十以上二倍以下罚金;使生产遭受

笔记区

特别重大损失的，处七年以上有期徒刑或者无期徒刑，并处销售金额百分之五十以上二倍以下罚金或者没收财产。

纠纷解决技巧

如果养殖户买到假兽药，可能会导致牲畜过敏甚至死亡；如果农民买到假农药、假化肥、假种子，可能会导致农作物大幅减产，甚至导致辛苦劳作一年却颗粒无收的情况。在农业生产活动中，农民要通过正规渠道购买农资产品，尽量选择大厂家、可靠品牌的供货商，把好进货的关卡，不要贪小便宜吃大亏，学会辨识真伪。在使用农药、兽药前，要认真阅读标签和说明，并严格按照说明上所记载的适用对象、使用剂量、施药方法、注意事项等内容进行操作。一旦发现买到不合格的、失效的农资产品，应保留证据，请农业部门进行采样、鉴定，及时与经销商进行沟通；在无法协商一致时，可以向执法大队或市场监督管理局投诉，也可以向人民法院提起诉讼，拿起法律武器，维护自己的合法权益。与此同时，也要及时采取补救措施以降低损失。

笔记区

选择题

下列哪个行为构成生产、销售伪劣农药、兽药、化肥、种子罪？（　　）①

A. 甲某故意以不合格的豌豆种子冒充合格的豌豆种子进行售卖，王某购买播种后，豌豆苗长势异常，造成经济损失16万元

B. 乙不知道其购买的化肥是不合格化肥，赠送给了邻居，造成邻居菜园3000元的损失

C. 丙经营养猪场，发现有部分猪生病后，给猪喂食了人用药物，造成大批猪死亡

D. 丁将失效的农药卖给农户陈某，造成陈某地里玉米损失，共计4500元

---

① 答案：A。

笔记区

▶ 28. 出国务工捡块虎骨带回国内，是犯罪吗？

案例

王某在外国打工期间，在其打工的木材加工厂卸木材时，拾得虎骨一根。虽知道虎骨为国家禁止进出口的珍贵动物制品，但为泡酒治疗风湿之用，王某将该虎骨保存于宿舍。因签证到期，王某必须于4月11日前返回中国。4月11日晚，王某将该虎骨用黑色塑料袋包裹并装入行李箱的夹层内。次日王某从口岸乘坐客车回国，通关时，海关人员在王某携带的行李箱内搜出疑似虎骨一根，经鉴定确为虎骨，价值20万元。某市中级人民法院经审理认为，王某违反国家海关法规和野生动物保护法规，逃避海关监管，明知虎骨属于国家禁止进出口的珍贵动物制品仍非法携带入境，其行为已构成走私珍贵动物制品罪。

法律分析

虎骨是珍贵药材。但随着栖息地的破坏和人类的捕杀，老虎的数量急剧下降。如今老虎已经成为濒危动物。我国在1993年就严禁虎骨贸易，取消虎骨入药标准。刑法规定，非法携带、运输国家禁止进出口的珍贵动物及制品进出国（边）境的，构成走私珍贵动物、珍贵动物制品罪。

本罪的行为人在主观上是故意。如果行为人不知道走私的是珍贵动物及其制品，或者虽然知道为珍贵动物及其制品却不知道是国家禁止进出口的，也不能认定为本罪。关于本罪的目的，并不要求是牟利。相关司法解释规定，不以牟利为目的，为留作纪念而走私珍贵动物制品入境，数额不满 10 万元，情节显著轻微的，不作为犯罪处理。也就是说，不以牟利为目的，非法运输携带、邮寄国家禁止进出口的珍贵动物及其制品进出境，达到了法定的数量标准的，也会构成本罪。在本案中，王某明知虎骨是国家禁止进出口的珍贵动物制品，即便是捡的，但是为了个人利益，违反法律，逃避海关监管，故意将虎骨带回国，依然构成犯罪。

知识链接

《中华人民共和国刑法》第一百五十一条第二款　走私国家禁止出口的文物、黄金、白银和其他贵重金属或者国家禁止进出口的珍贵动物及其制品的，处五年以上十年以下有期徒刑，并处罚金；情节特别严重的，处十年以上有期徒刑或者无期徒刑，并处没收财产；情节较轻的，处五年以下有期徒刑，并处罚金。

纠纷解决技巧

如今去国外旅游、务工的人越来越多，给亲戚朋友带礼物的情况非常普遍；但如果不仔细辨别，有些带回来的

笔记区

礼物就有可能被没收，甚至会违法。我们经常会看到有人会以留作纪念或者赠送亲友为目的，携带少量动物制品回国，如象牙及象牙制品、犀牛角、鳄鱼挎包等。实际上，这些都属于我国禁止进出口的珍贵动物制品，根据相关司法解释的规定，即便不以牟利为目的，走私数额达到了法律规定的数量标准，也会构成犯罪。所以，要增强法律意识，在国外购买动物制品时，须仔细留意，避免将国家禁止进出口的珍贵动物及其制品携带入境。如果携带动物制品入境，在通关时要向海关部门诚实申报，不要私自携带入境，避免给自身生活带来不必要的麻烦。

选择题

下列哪一项中的犯罪嫌疑人构成走私珍贵动物、珍贵动物制品罪？（　　）①

A. 甲受人之托走私普通货物、物品，不知道其中夹有国家禁止出口的虎骨

B. 乙将30段现生象象牙偷运入境用于销售

C. 丙收集了大量鸟类化石，装进箱子中准备托运出国

D. 丁在国外旅游时，为亲友购买了3条象牙项链，价值3000元

① 答案：B。

笔记区

▶ 29. 收到假币后为挽回损失,转而支付给别人,是犯罪吗?

案例

某日,A县某派出所民警接到商户刘某报警,称有顾客在其摊位消费时使用假币。民警迅速赶到现场,将违法使用假币的陈某传唤到所了解情况。经过调查,民警发现陈某原本也是个受害者。原来,陈某在B县从事个体生意。日前,她在门店盘账时发现收到一张100元假币,感到非常气愤,心想:“别人骗了我,我也得把这钱花出去,出出气。”之后,陈某到A县买农产品,想着将假币花出去,没想到被店主当场发现并报了警。

法律分析

人民币是我国的法定货币。假币类犯罪严重破坏我国的货币管理秩序,素来是刑事打击的重点。持有、使用假币是假币犯罪中最末端的犯罪,也是日常生活中常见的一类犯罪。刑法规定,明知是伪造的货币而故意持有、使用,数额较大的,构成持有、使用假币罪。本罪的成立需要达到“数额较大”标准;未达到数额标准的,不能认为构成本罪。伪造的货币,是指仿照人民币的图案和色彩等,使

笔记区

用各种方法制作的在外观上可以以假乱真的假人民币。无论是有意使用还是在误收假币后“被迫”挽回损失，只要是故意使用假币，数额较小的违反治安管理处罚法，会受到行政处罚，而数额较大则会构成犯罪。在本案中，陈某收到假币后，心有不甘，为挽回自己的损失，在明知是假币的前提下使用假币，由于数额较小，尚不构成犯罪；如果数额较大，应以犯罪论处。

知识链接

《中华人民共和国刑法》第一百七十二条 明知是伪造的货币而持有、使用，数额较大的，处三年以下有期徒刑或者拘役，并处或者单处一万元以上十万元以下罚金；数额巨大的，处三年以上十年以下有期徒刑，并处二万元以上二十万元以下罚金；数额特别巨大的，处十年以上有期徒刑，并处五万元以上五十万元以下罚金或者没收财产。

纠纷解决技巧

随着大中城市移动支付的普及以及假币犯罪打击力度的不断加大，货币犯罪的犯罪分子逐步转向了现金交易还比较普遍的农村。在日常生产生活中，犯罪分子大多是利用人们贪小便宜、疏忽大意的心理实施假币犯罪，比如，选在光线不好的时候到小商铺、小街摊进行购物，采用催促、转移注意力等方法，通过使用大额假币购买小额物件找零来骗取真币。老年人是目前使用现金的主要人群，并且金融知识相对比较匮乏，更加容易成为他们的目标。犯罪分子的手段多样，因此，在进行现金交易时，要擦亮眼睛、仔细检查，避免遭受经济损失。要增强防范假币的意识、提高辨别假币的能力。收到疑似假币的货币，要及时报警或送交就近的银行机构进行鉴定，向公安机关尽可能详尽地提供使用假币人的线索，可以为公安机关侦破案件提供有力帮助，除可以挽回自己的损失外，还能避免其他人上当受骗。

选择题

以下说法中正确的是（　　）①。

A. 甲在商场购物后，向收银员支付 5000 元假币，甲构成使用假币罪

B. 乙用 10,000 元假币跟戊换取了 1000 元真币，乙构成使用假币罪

C. 丙借给巳 20,000 元，巳拿到银行存入账户，被工作人员发现是假币，巳构成使用假币罪

D. 丁（系银行工作人员）利用职务上的便利，将伪造的货币换取真币，丁构成使用假币罪

---

① 答案：A。

笔记区

30. 冒用他人医保卡竟然涉嫌诈骗犯罪?

案例

邱某患病需要医治,因其无业,医保卡一直未续保,于是向其表哥王某借用医保卡看病,王某将医保卡借给邱某。邱某持王某医保卡至某医院挂号就诊,并以此医保卡缴费拿药。其后,邱某又使用王某的医保卡做了手术。不久,国家医保局接到该医院举报,邱某冒用医保卡就医,随后当地医保局分别约谈邱某、王某。在证据面前,二人承认冒用医保卡骗取社保基金合计7900余元的事实。随后,医保局将二人移交司法机关。最终,法院以诈骗罪判处邱某3个月拘役,并处罚金3000元。考虑到王某因亲情关系将医保卡借出使用,已退赔涉案损失,亦未从中获益,且到案后主动认罪认罚,犯罪情节轻微,故对王某作不起诉处理。

法律分析

医保卡是医疗保险个人账户专用卡,只能由持卡人个人使用。在日常生活中,可能会有家庭存在“一人持卡,全家买药”的情况,所以有人会产生疑问,用自己家人的医保卡看看病、开开药,也会涉嫌犯罪吗?答案是会涉嫌犯罪。

医保卡是实名制，只能由本人使用，冒用他人医保卡会有涉嫌“骗保”的嫌疑。只是在实际生活中，一些药店、医院管理不严格，出现一些家庭多人共用医保卡的现象，导致有的人认为医保卡可以多人共用，其实冒用医保卡是一种违法行为。刑法规定，以非法占有为目的，诈骗公私财物，数额较大的，构成诈骗罪。违反有关法律规定，使用不属于自己的医保卡，无论是刷卡买药，还是冒用别人的医保卡报销，都属于骗取社会保险金的行为。如果达到数额较大的标准，会构成诈骗罪。在本案中，邱某为就医冒用自己表哥的医保卡，随后，继续冒用医保卡买药、做手术，以非法占有为目的，骗取 7900 元，达到数额较大的入罪标准，构成诈骗罪，依法应当承担刑事责任。

知识链接

《中华人民共和国刑法》第二百六十六条 诈骗公私财物，数额较大的，处三年以下有期徒刑、拘役或者管制，并处或者单处罚金；数额巨大或者有其他严重情节的，处三年以上十年以下有期徒刑，并处罚金；数额特别巨大或者有其他特别严重情节的，处十年以上有期徒刑或者无期徒刑，并处罚金或者没收财产。本法另有规定的，依照规定。

全国人民代表大会常务委员会《关于〈中华人民共和

笔记区

国刑法〉第二百六十六条的解释》 以欺诈、伪造证明材料或者其他手段骗取养老、医疗、工伤、失业、生育等社会保险金或者其他社会保障待遇的，属于刑法第二百六十六条规定的诈骗公私财物的行为。

纠纷解决技巧

普通公民要增强法律意识和维权意识，不冒用他人医保卡，也不将自己的医保卡外借他人。冒用和外借医保卡会给持卡人带来诸多不利后果，多人共用医保卡可能会导致持卡人的医疗记录出现偏差，影响医生诊断，可能会影响后期使用；医保卡外借，也会影响保险的购买和理赔。如今社保系统比较健全，将医保卡用于家人买药或者住院，导致持卡人的医保卡中有了关于相关病例的记录，有可能无法购买人身保险，或者涉嫌带病投保而被保险公司拒绝理赔。并且，冒用他人医保卡看病报销，属于骗保行为，会被依法追究法律责任，轻者须退回报销的钱，重者可能会被取消医保资格，数额较大的还会构成犯罪，得不偿失。所以，持卡人要提高自己的法律意识，不要随意将医保卡借给他人使用。如果发现医保卡丢失，要立即前往医保中心等相关部门办理挂失手续，避免医保卡被不法分子捡到后冒用，给自己造成损失。

笔记区

选择题

张某因患心脏病要住院做手术,想到自己的姐姐是民政局优抚对象,医保卡报销比例更高。于是,他拿着姐姐的医保卡住院手术。术后,累计报销了 7 万多元,要比用自己的医保卡多报销 8000 多元。张某构成(　　)[①]。

A. 诈骗罪

B. 使用虚假身份证件、盗用身份证件罪

C. 盗窃罪

D. 无罪

---

① 答案:A。

笔记区

▶ 31. 如何识别传销犯罪?

案例

李某、张某等人以某公司名义申请注册“星火草原”微信公众号和微信支付账号,并在上述微信公众号上线运行所谓的“无卡 POS 机”分销系统。参与人通过微信扫描“星火草原”二维码链接关注该公众号成为“粉丝”,缴纳100 元、200 元、300 元后可成为相应级别代理商,代理商转发二维码可发展“粉丝”加入,并根据扫描二维码的顺序组成层级。若“粉丝”缴费成为代理商,其“上线”可获得直接和间接推广提成,提成以微信红包形式发放。后因被举报,公安机关抓获李某、张某为首的犯罪嫌疑人 20 余名。截至案发,关注“星火草原”微信公众号的“粉丝”达 1500余万人,各级“代理商”150 余万人次,涉案金额 2 亿余元。

法律分析

传销的本质就是以后来者的钱作为前面人的收益。传销在我国是非法活动,不仅违反国家有关法律法规,严重破坏市场经济秩序,而且危害社会稳定,影响家庭和谐。《中华人民共和国刑法》明确规定了组织、领导传销活动罪。本罪中的“组织者、领导者”,是指在传销活动中起组织、领导作用的发起人、决策人、操纵人,以及在传销活动中担负策划、指挥、布置、协调等重要职责,或者在传销活动实施中起到关键作用的人员。刑法只规定传销活动的组织者、领导者构成犯罪,但并不意味着参加者不会有任何法律责任。参与传销活动以及介绍、诱骗、胁迫他人参加传销活动,都是违法行为,要承担相应的法律责任;此外,为传销活动提供经营场所、培训场所、货源、保管、仓储等便利条件的,也要受到相应处罚。对于普通民众来说,识别传销主要看三个特征:(1)入门费,即是否需要认购商品或交纳费用取得加入资格或发展他人加入的资格,牟取非法利益;(2)"拉人头",即是否需要发展他人成为自己的"下线",并对发展的人员以其直接或间接滚动发展的人员数量为依据给付报酬,牟取非法利益;(3)计酬方式,即是否以直接或间接发展人员为依据计算报酬,牟取非法利益。如果符合以上特征,就有可能涉嫌传销。在本案中,所谓"缴纳费用后成为相应级别代理商"实际上就是入门费;"代理商"转发二维码发展"粉丝"加入,并根据扫描二维码的顺序组成层级,"粉丝"缴费成为代理商,其上线可获得直接和间接推广提成,以"拉人头"的方式计算报酬,牟取非法利益,是典型的依托微信平台实施的传销犯罪。

笔记区

知识链接

《中华人民共和国刑法》第二百二十四条之一 组织、领导以推销商品、提供服务等经营活动为名,要求参加者以缴纳费用或者购买商品、服务等方式获得加入资格,并按照一定顺序组成层级,直接或者间接以发展人员的数量作为计酬或者返利依据,引诱、胁迫参加者继续发展他人参加,骗取财物,扰乱经济社会秩序的传销活动的,处五年以下有期徒刑或者拘役,并处罚金;情节严重的,处五年以上有期徒刑,并处罚金。

纠纷解决技巧

近年来,随着对传销活动的严厉打击,加之城市居民对传销的防范意识不断提高,很多传销活动开始将阵地转向农村,抓住群众想要快速致富的焦虑心理,采用了一些新的"套路"和形式,比如,宣称某个项目高收益无风险,或者打着众筹项目的名义,还有的传销团伙成员回到家乡"装阔"、高调"炫富"引诱乡邻参加传销组织等,花样不一,但传销的本质不变。在基层普法宣传中,要让普通群众了解传销活动的核心特点及其危害,对传销的性质、特点有清楚认识,对传销团伙的花样"洗脑"保持高度警惕,以避免上当。

选择题

笔记区

关于传销活动,以下说法中不正确的是(　　)[①]。

A. 在我国,传销活动都是非法的

B. 只有组织、领导传销活动的人,才承担法律责任

C. 辨认传销活动要把握三个主要特点:入门费、“拉人头”和计酬方式

D. 参与传销活动以及介绍、诱骗、胁迫他人参加传销活动的,都会受到处罚

① 答案:B。

笔记区

32. 无证收购粮食是犯罪吗？

案例

2014年11月至2015年1月，王某某未办理粮食收购许可证，未经工商行政管理机关核准登记并颁发营业执照，擅自在某镇附近村组无证照收购玉米，将所收购的玉米卖给市粮油公司，经营数额21.8万余元，获利6000元。2015年3月，王某某到公安局经侦大队投案自首，并主动退缴获利6000元。一审法院认为，被告人王某某的行为构成非法经营罪，鉴于其案发后投案自首，主动退缴全部违法所得，有悔罪表现，决定对被告人王某某依法从轻处罚并适用缓刑。宣判后，王某某未上诉，检察机关未抗诉，判决发生法律效力。2016年12月，最高人民法院就此案作出再审决定书，指令由某市中级人民法院对此案进行再审。2017年2月，某市中级人民法院依法撤销原审判决，改判王某某无罪。

法律分析

非法经营罪是法定犯。首先，本罪的成立以违反国家规定为前提。这里的“国家规定”范围比较广泛，包括国家关于专营、专卖物品和其他限制买卖物品，证券、期货、保险业务或其他资金支付结算业务,以及各类经营活动的规定。其次,行为人实施非法经营行为,扰乱市场秩序。《中华人民共和国刑法》第225条在列举了三种具体的非法经营行为之后,以“其他严重扰乱市场秩序的非法经营行为”作了兜底性规定;根据相关司法解释,非法经营外汇、非法从事出版业务、非法经营电信网络业务等都可以被包括在内。最后,非法经营行为须达到情节严重,才能成立本罪。关于“情节严重”的认定标准,针对不同的非法经营活动,相关司法解释中规定了不同的数量标准。“王某某案”是我国粮食收购制度改革的“分水岭”。2004年,《粮食流通管理条例》颁布实施,我国从法律上正式确立了粮食收购许可制度。“王某某案”发生于2014年11月至2015年1月,王某某没有办理粮食收购许可证及工商营业执照买卖玉米,其行为违反了当时的国家粮食流通管理有关规定,但尚未达到严重扰乱市场秩序的危害程度,不具备与非法经营罪相当的社会危害性、刑事违法性和刑事处罚必要性。因此,再审法院判决王某某不构成非法经营罪。本案再审之后,国家逐渐放开了对农民个体户少量买卖粮食的限制。2016年,我国推进粮食收储市场化改革,粮食部门出台《粮食收购资格审核管理办法》(已失效),其第3条明确规定“农民、粮食经纪人、农贸市场粮食交易者等从事粮食收购活动,无需办理粮食收购资格”,但公司收购粮食依

笔记区

旧需要办理该证件。2021 年修订的《粮食流通管理条例》坚持放管结合，取消了粮食收购许可制度，确立了粮食收购备案管理制度，建立了粮食经营者信用档案，凡是收购粮食的企业需要向当地政府备案；由以前粮食收购许可制度的事前管理，转变为备案管理制度的事中、事后监管。

知识链接

《中华人民共和国刑法》第二百二十五条 违反国家规定，有下列非法经营行为之一，扰乱市场秩序，情节严重的，处五年以下有期徒刑或者拘役，并处或者单处违法所得一倍以上五倍以下罚金；情节特别严重的，处五年以上有期徒刑，并处违法所得一倍以上五倍以下罚金或者没收财产：

（一）未经许可经营法律、行政法规规定的专营、专卖物品或者其他限制买卖的物品的；

（二）买卖进出口许可证、进出口原产地证明以及其他法律、行政法规规定的经营许可证或者批准文件的；

（三）未经国家有关主管部门批准非法经营证券、期货、保险业务的，或者非法从事资金支付结算业务的；

（四）其他严重扰乱市场秩序的非法经营行为。

纠纷解决技巧

近年来，农村地区的非法经营刑事案件数量有明显上升趋势:有的不法分子为了牟利公然违法;有的行为人根本不知道自己的经营行为是违法行为;还有的行为人虽然知道从事某些经营行为应当取得相关资格,但缺乏风险意识或者存在侥幸心理。对于农村地区的非法经营,如果一味地刑罚打击,则效果有限。在注重惩治的同时,更应该加强引导。司法机关可以根据当地情况,联合行政执法部门、市场监管部门及宣传部门,利用电台、网络通信及多种形式,加强对广大农民的法治宣传和风险警示教育,增强公民的法律知识和风险意识,使其做到知法、懂法、守法,在生产经营活动中要及时关注相关立法和政策的变化,把握行为的合法边界。

选择题

下面哪一项不属于非法经营罪客观方面的表现?(　　)①

A. 行为人违反国家规定

B. 进行有关非法经营活动,扰乱市场秩序

C. 违法所得数额在 3 万元以上

D. 情节严重

① 答案:C。

笔记区

▶ 33. 转让、买卖土地使用权是不是犯罪?

案例

某村村民委员会主任宋某某在未履行法定审批程序的情况下,为了给本村牟取利益,于2013年12月擅自以本村村民委员会的名义与某矿业公司签订合同,将村南山的202.22亩土地转让给该矿业公司用于开采石灰岩等非农业建设;又于2016年10月擅自将村南山的62.26亩土地转让给该矿业公司用于兴建石灰岩深加工等非农业建设。后该村村民委员会陆续收取矿业公司支付的土地使用费共计70万元。经勘测,上述土地共计264.48亩,其中,基本农田5.33亩,一般耕地0.76亩,林地66.21亩,林地15.74亩,自然保留地176.44亩。法院判决被告人宋某某犯非法转让土地使用权罪,判处有期徒刑4年零6个月,并处罚金4万元。

法律分析

根据《中华人民共和国宪法》第10条的规定,土地属于国家或集体所有,国家严禁以任何形式转让土地,但土地的使用权可以依照法律的规定转让。根据《中华人民共和国土地管理法》的规定,土地使用权的转让要按照法定

笔记区

的方式和程序进行。使用土地的单位和个人必须严格按照土地利用总体规划确定的用途使用土地。严格限制农用地转为建设用地。非法转让、倒卖土地使用权侵犯了国家的土地管理制度。以牟利为目的,违反土地管理法规,非法转让、倒卖土地使用权,情节严重的,构成非法转让、倒卖土地使用权罪。“违反土地管理法规”,是指违反土地管理法、森林法、草原法等法律以及有关行政法规中关于土地管理的规定。转让或者倒卖并不仅限于买卖的方式,还包括以承包、租赁等方式达到土地使用权被实际转让的结果。在实践中,一些地方在未取得国土资源部门批准的情况下,通过村民自治表决的形式,将村集体的农业用地(包括基本农田)出租给他人用于非农业建设,并且这种土地出租的期限大部分突破了法定期限,这实际上是以租赁形式掩盖下的非法转让。根据有关司法解释,“情节严重”,是指具有以下情形之一:(1)非法转让、倒卖基本农田5亩以上的;(2)非法转让、倒卖基本农田以外的耕地10亩以上的;(3)非法转让、倒卖其他土地20亩以上的;(4)非法获利50万元以上的;(5)非法转让、倒卖土地接近上述数量标准并具有其他恶劣情节的,如曾因非法转让、倒卖土地使用权受过行政处罚或者造成严重后果等。在本案中,宋某某身为村民委员会干部,为了牟取利益,未按照国家有关审批规定,擅自将集体土地使用权转让给矿业公司

笔记区

用于开采石矿，违反了国家关于土地管理的法律法规，并且所涉土地亩数较大，已达到了情节特别严重的标准；由于其主动承认罪行，积极配合调查，并且转让土地使用权的相关款项用于村集体使用。因此，法院认定其构成非法转让土地使用权罪，并对其减轻处罚。

知识链接

《中华人民共和国刑法》第二百二十八条 以牟利为目的，违反土地管理法规，非法转让、倒卖土地使用权，情节严重的，处三年以下有期徒刑或者拘役，并处或者单处非法转让、倒卖土地使用权价额百分之五以上百分之二十以下罚金；情节特别严重的，处三年以上七年以下有期徒刑，并处非法转让、倒卖土地使用权价额百分之五以上百分之二十以下罚金。

纠纷解决技巧

我国是人口大国、农业大国，土地乃立国之本，是大国粮仓的根基。农用土地被用于非农建设，会出现土地固化、无法复耕的后果，造成农业用地的巨大损失。2015 年习近平总书记对耕地保护工作作出重要指示，"我国人多地少的基本国情，决定了我们必须把关系十几亿人吃饭大事的耕地保护好，绝不能有闪失"。随着经济高速发展与城市化的进程，农用土地保护面临巨大挑战。有些人想方

笔记区

设法绕开监管,非法转让土地使用权,自以为聪明,然而突破法律红线的后果轻则违法,重则成立犯罪。国家并非绝对禁止土地使用权转让,土地使用权可以转让,但要依法转让,要按照法定的方式和程序办理。

选择题

以下说法中哪一项是正确的?(　　)①

A. 我国严禁土地使用权转让

B. 非法转让、倒卖土地使用权的,都构成犯罪

C. 非法转让、倒卖基本农田没有达到5亩的,不构成犯罪

D. 非法转让、倒卖基本农田没有达到司法解释规定的数量标准,但造成严重后果的,也构成犯罪

① 答案:D。

笔记区

▶ 34. 照护人与被照护的15岁女孩发生性关系，犯法吗？

案例

小燕是一名初三学生，由于父母常年在外打工，小燕与爷爷、奶奶生活在一起。小燕的成绩不好，某次家访，班主任李老师(男，25岁)到小燕家中，向爷爷、奶奶表示，马上中考了，要想提升成绩，需要小燕多花时间复习，让小燕每周一、周三、周五放学后留下单独辅导、写作业。爷爷、奶奶觉得是好事，就同意了。初三下学期某次补课，李老师家中无人，他对小燕表示希望她能留下来陪他。小燕经过一段时间的单独辅导，对李老师很感激，就没有拒绝，当晚，李老师与小燕发生了性关系。此后，两人又在补课期间发生了几次性关系。后来爷爷、奶奶发现小燕经常反胃呕吐，带她就医后发现小燕怀孕了。在爷爷、奶奶再三追问下，小燕才吐露了实情，家人立即报警。李老师被民警抓捕后辩解道："她都15岁了，而且是自愿的，这不犯法吧？"

法律分析

根据刑法规定，年满14周岁的女性自愿与他人发生

笔记区

性关系的，该他人不构成强奸罪；不满 14 周岁的女性与他人发生性关系，无论女性是否自愿，该他人都构成强奸罪。对于与已满 14 周岁的未成年女性发生性关系，如果行为人采取了暴力、胁迫等手段，成立强奸罪；但是，如果行为人没有使用暴力、胁迫等手段的，则难以追究其刑事责任。从实际情况看，这种利用照护身份奸淫未成年女性的行为，由于存在收养、监护、教育、医疗等特定关系，即使照护人没有使用暴力、胁迫等手段，未成年女性也往往会由于恐惧、不知所措等而不敢拒绝或反抗。有的虽然表现为被害人"自愿"，但由于受害人年龄尚小，不具备完全认知性行为性质和后果的能力。因此，从保护未成年女性身心健康出发，防止照护人利用照护身份所形成的优势地位侵害未成年女性的权利，2020 年《中华人民共和国刑法修正案（十一）》增设了"负有照护职责人员性侵罪"，对已满 14 周岁不满 16 周岁的未成年女性负有监护、收养、看护、教育、医疗等特殊职责的人员，与该未成年女性发生性关系的，构成本罪。本罪的对象为已满 14 周岁不满 16 周岁的未成年女性（如果是针对这个年龄段的未成年男性实施性侵行为，构成强制猥亵罪）。本罪的主体是对上述未成年女性负有监护、收养、看护、教育、医疗等特殊职责的人。从刑法规定来看，已满 14 周岁不满 16 周岁的未成年女性对于和照护人员发生性关系是否同意或者自愿，不影响该

笔记区

照护人员构成本罪。值得注意的是，如果负有照护职责的人员以暴力、胁迫等手段与被照护的已满 14 周岁不满 16 周岁的未成年女性发生性关系，其不仅构成负有照护职责人员性侵罪，同时也构成强奸罪，依照处罚较重的规定定罪处罚。在本案中，小燕的班主任李老师就属于对其负有照护职责的人员。他利用其照护身份形成的优势地位与小燕发生性关系，构成负有照护职责人员性侵罪。虽然小燕表面上是自愿的，但并不影响李老师构成本罪。

知识链接

《中华人民共和国刑法》第二百三十六条之一 对已满十四周岁不满十六周岁的未成年女性负有监护、收养、看护、教育、医疗等特殊职责的人员，与该未成年女性发生性关系的，处三年以下有期徒刑；情节恶劣的，处三年以上十年以下有期徒刑。

有前款行为，同时又构成本法第二百三十六条规定之罪的，依照处罚较重的规定定罪处罚。

纠纷解决技巧

根据相关调查，对未成年人实施的性侵案件中以熟人犯罪居多，特别是留守未成年人，遭到与未成年人具有密切关系、负有照护职责人员性侵的事情屡有发生。为了加强对未成年人的保护，2020 年最高人民检察院、国家监察委员会、教育部等九部门共同发布《关于建立侵害未成年人案件强制报告制度的意见(试行)》,建立侵害未成年人案件强制报告制度,要求国家机关、公职人员以及密切接触未成年人行业的各类组织及其从业人员,在工作中发现未成年人遭受或者疑似遭受不法侵害以及面临不法侵害危险的,应当立即向公安机关报案或举报。基层群众自治组织、社会组织也属于"密切接触未成年人行业的各类组织",对此类事情负有强制报告义务。

笔记区

选择题

负有照护职责人员性侵罪,以下说法中错误的是(　　)①。

A. 本罪的主体包括负有照护职责的医生、教师、监护人等

B. 本罪的对象是已满16周岁不满18周岁的未成年女性

C. 被害人同意,并不影响照护人成立本罪

D. 负有照护职责人员与已满14周岁不满16周岁的未成年女性发生性关系的,也可能构成强奸罪

① 答案:B。

笔记区

35. 猥亵儿童可以“私了”吗?

案例

刘某与王某(6岁儿童)家住前后排,两家平时关系不错,王某经常到刘某家中玩耍。2012年夏天,刘某先后4次趁四周无人之机,哄骗王某脱下裤子,对王某实施猥亵,致其外阴炎、尿路感染。后因王某经常称下身瘙痒,被其母亲注意,经询问,其称曾多次被刘某摸下身。王某的父亲不想把事情闹大,向刘某的老婆提出“私了”,让其找个中间人协调。后来因刘某拒不承认,王某的家人遂报警。

法律分析

猥亵儿童罪是在实践中比较多见的针对未成年人的一种性侵犯罪。犯罪人以性刺激或满足性欲为目的,用性交以外的方法对儿童实施淫秽行为。以往的猥亵行为是犯罪人直接接触被害人身体来实施的,但近年来,随着网络的全面普及以及社交软件的广泛应用,以网络为媒介实施的无接触型猥亵儿童行为逐渐增多,比如,引诱儿童发送裸体图片、强迫儿童观看淫秽视频、强迫儿童与其视频“裸聊”等。最高人民检察院在指导性案例中已经明确指出,行为人通过网络不接触被害儿童身体的猥亵行为,与实际接触儿童身体的猥亵行为具有相同的社会危害性,应当认定构成猥亵儿童罪。本罪的对象是儿童,即不满 14 周岁的未成年人,无论男童或者女童都可以成为本罪的被害人。刑法中的犯罪行为根据启动追诉的不同方式,可以分为公诉罪与自诉罪。公诉罪是由有关国家机关主动追究的犯罪,无论被害人自己愿不愿意追诉,只要有关机关收到关于犯罪的举报或者线索,就可以主动展开调查和追究。自诉罪则是可以由被害人决定是否追究的犯罪,如果被害人不向有关国家机关告诉,有关机关就不会主动介入。自诉罪限于一些很轻微的犯罪,被害人及其家属可以决定是否告诉。但猥亵儿童罪属于公诉罪,不能“私了”。所以,在本案中,被害人王某的父亲想要与犯罪人刘某“私了”的做法是错误的。

知识链接

《中华人民共和国刑法》第二百三十七条 以暴力、胁迫或者其他方法强制猥亵他人或者侮辱妇女的,处五年以下有期徒刑或者拘役。

聚众或者在公共场所当众犯前款罪的,或者有其他恶劣情节的,处五年以上有期徒刑。

猥亵儿童的,处五年以下有期徒刑;有下列情形之一的,处五年以上有期徒刑:

(一)猥亵儿童多人或者多次的;

笔记区

（二）聚众猥亵儿童的，或者在公共场所当众猥亵儿童，情节恶劣的；

（三）造成儿童伤害或者其他严重后果的；

（四）猥亵手段恶劣或者有其他恶劣情节的。

纠纷解决技巧

家长、其他监护人、学校以及社区等应当对未成年人进行必要的预防性侵教育，让孩子了解预防性侵害的基本常识，掌握一些自我保护的方法，知道在遇到此类事情时该如何求助。在当今网络普及、未成年人频繁接触网络的情况下，家长和其他监护人要关注孩子的上网情况，要警惕无接触型的网络隔空猥亵。一旦发现猥亵儿童的事实或者线索，要马上报警，及时“斩断”伸向孩子的黑手。对于被害人，必要时可以请专业人员为其提供心理辅导，帮助其尽快走出心里的阴霾。

选择题

关于猥亵儿童罪，以下说法中错误的是（　　）①。

A. 孩子被他人猥亵了，这事丢人，不能报警，悄悄私了

B. 猥亵儿童罪的对象是不满 14 岁的男孩和女孩

C. 聚众猥亵儿童的，加重处罚

D. 猥亵儿童罪是公诉罪，不能“私了”

---

① 答案：A。

笔记区

▶ 36. 买卖人口将承担什么法律责任?

案例

2011 年 2 月,邢某的妻子陈某怀孕,是一对双胞胎。邢某经龙某介绍,约定孩子出生后,以 2.5 万元的价格卖给婚后未生育的石某夫妇。同年 12 月,陈某生下一对双胞胎男婴,邢某便将两个孩子抱走,交给龙某,得款 2 万余元。2012 年 12 月,陈某再次怀孕。邢某又想将孩子卖掉,主动找人介绍,寻找买家。后约定若是男婴,便以 1 万元的价格卖给婚后未生育的孔某夫妇。2013 年 10 月,陈某生下一名男婴。邢某让孔某的父亲将小孩抱走,得利 1 万元。法院经审理,判决被告人邢某犯拐卖儿童罪,判处有期徒刑 10 年,并处罚金 1 万元。居间介绍的其他多名同案被告人,也均被定罪判刑。

法律分析

买卖人口行为是严重的犯罪,不仅侵犯了公民的人格尊严,也侵犯了公民的人身自由以及其他权利(如性自主权)。我国刑法中规定了与买卖人口相关的若干个罪名,例如,拐卖妇女、儿童罪,收买被拐卖的妇女、儿童罪,聚众阻碍解救被收买的妇女、儿童罪。此外,还规定了不以买

笔记区

卖为目的的拐骗儿童罪。拐卖妇女、儿童罪,是指以出卖为目的,拐骗、绑架、收买、贩卖、接送、中转妇女、儿童的行为。本罪是选择性罪名,可分解为拐卖妇女罪与拐卖儿童罪。在实践中,很多拐卖妇女、儿童案件是共同犯罪,犯罪人之间有分工,有的负责拐骗或绑架,有的负责接送、中转,有的负责收买或贩卖,行为人只要参与实施了前述行为之一,就构成本罪。本罪的对象是妇女和儿童,既包括具有中国国籍的妇女与儿童,也包括具有外国国籍或无国籍的妇女与儿童。儿童,是指不满 14 周岁的男女。将捡到的儿童出卖的,成立拐卖儿童罪。拐卖已满 14 周岁男性的,不成立本罪,符合其他犯罪的(如非法拘禁罪),以其他犯罪论处。值得注意的是,亲生父母以非法营利为目的将子女出卖给他人的,也构成拐卖妇女、儿童罪;但是,如果不是出于非法营利目的,而是迫于生活困难,将没有独立生活能力的子女送给他人抚养,收取少量“营养费”的,不以拐卖妇女、儿童罪论处。本案是一起以非法获利为目的出卖亲生子女的典型案例。被告人邢某先后两次将 3 名亲生儿子卖给他人,且均是在孩子出生之前即主动联系居间介绍人要求帮助寻找买家,明码标价,孩子出生后即按事先约定将孩子卖出,收取数额较高的钱财。邢某并非因生活困难、无力抚养才被迫将孩子送养,而是将孩子作为商品,将生孩子出卖作为牟利手段。因此,邢某的行为被认定为拐卖儿童罪。

知识链接

《中华人民共和国刑法》

第二百四十条 拐卖妇女、儿童的，处五年以上十年以下有期徒刑，并处罚金；有下列情形之一的，处十年以上有期徒刑或者无期徒刑，并处罚金或者没收财产；情节特别严重的，处死刑，并处没收财产：

（一）拐卖妇女、儿童集团的首要分子；

（二）拐卖妇女、儿童三人以上的；

（三）奸淫被拐卖的妇女的；

（四）诱骗、强迫被拐卖的妇女卖淫或者将被拐卖的妇女卖给他人迫使其卖淫的；

（五）以出卖为目的，使用暴力、胁迫或者麻醉方法绑架妇女、儿童的；

（六）以出卖为目的，偷盗婴幼儿的；

（七）造成被拐卖的妇女、儿童或者其亲属重伤、死亡或者其他严重后果的；

（八）将妇女、儿童卖往境外的。

拐卖妇女、儿童是指以出卖为目的，有拐骗、绑架、收买、贩卖、接送、中转妇女、儿童的行为之一的。

第二百四十一条 收买被拐卖的妇女、儿童的，处三年以下有期徒刑、拘役或者管制。

收买被拐卖的妇女，强行与其发生性关系的，依照本法第二百三十六条的规定定罪处罚。

收买被拐卖的妇女、儿童，非法剥夺、限制其人身自由或者有伤害、侮辱等犯罪行为的，依照本法的有关规定定罪处罚。

收买被拐卖的妇女、儿童，并有第二款、第三款规定的犯罪行为的，依照数罪并罚的规定处罚。

收买被拐卖的妇女、儿童又出卖的，依照本法第二百四十条的规定定罪处罚。

收买被拐卖的妇女、儿童，对被买儿童没有虐待行为，不阻碍对其进行解救的，可以从轻处罚；按照被买妇女的意愿，不阻碍其返回原居住地的，可以从轻或者减轻处罚。

第二百四十二条　以暴力、威胁方法阻碍国家机关工作人员解救被收买的妇女、儿童的，依照本法第二百七十七条的规定定罪处罚。

聚众阻碍国家机关工作人员解救被收买的妇女、儿童的首要分子，处五年以下有期徒刑或者拘役；其他参与者使用暴力、威胁方法的，依照前款的规定处罚。

第二百六十二条　拐骗不满十四周岁的未成年人，脱离家庭或者监护人的，处五年以下有期徒刑或者拘役。

笔记区

纠纷解决技巧

买卖人口犯罪给被害人及其家庭都造成了极大痛苦,甚至是毁灭性打击。对于买卖人口的犯罪,我国一向坚持从严惩治的方针。在司法机关的严厉打击下,近些年来,采取绑架、抢夺、偷盗等手段拐卖儿童的案件明显下降,但一些亲生父母出卖婴儿给"人贩子"的现象仍然屡见不鲜。即便是亲生父母卖孩子,也不能逃脱法律的制裁。买卖人口犯罪的原因很复杂,要杜绝买卖人口犯罪,在刑法严厉打击以外,还需要大力发展落后地区的经济,改善生活条件,加大教育宣传,更新观念和文化,摒弃"不孝有三,无后为大""重男轻女"等陈旧观念。

选择题

关于拐卖妇女、儿童罪,下列说法中错误的一项是(　　)[①]。

A. 拐卖妇女、儿童罪的对象也包括具有外国国籍的妇女和儿童

B. 以出卖为目的偷盗婴幼儿的,构成拐卖儿童罪

C. 亲生父母卖掉自己孩子的,不构成拐卖儿童罪

D. 以出卖为目的收买被拐卖的妇女、儿童的,构成拐卖妇女、儿童罪

---

① 答案:C。

笔记区

37. 虐待自家人是犯罪吗？

案例

秦某与李某婚后生育一女。秦某经常酒后殴打虐待其妻子李某及其他家人。据邻居证言：每个月打几次，每个星期打一次，也有每三四天打一次，用拳头打，拿长刀吓唬等。某日，秦某又因女儿的教育问题及怀疑女儿非自己亲生等与李某发生争执，秦某指责、辱骂李某，并持皮带抽打李某。李某绝望之下喝了农药，经抢救幸免一死但成为“植物人”，鉴定为重伤一级。秦某被抓捕到案后仍叫嚣：“我打我老婆，这是我自己家的事，谁管得着？她是自杀，跟我有什么关系？”法院判决被告人秦某犯虐待罪，判处其有期徒刑6年。

法律分析

虐待家庭成员不是家务事。《中华人民共和国反家庭暴力法》第33条规定：“实施家庭暴力，构成违反治安管理行为的，依法给予治安管理处罚；构成犯罪的，依法追究刑事责任。”虐待罪，是指经常以打骂、禁闭、捆绑、冻饿、有病不给治疗、强迫过度体力劳动等方式，对共同生活的家庭成员实施肉体上、精神上的摧残、折磨，情节恶劣的行为。

笔记区

虐待罪发生在共同生活的家庭成员之间。根据 2015 年最高人民法院、最高人民检察院、公安部等四部门联合发布的《关于依法办理家庭暴力犯罪案件的意见》,虐待"情节恶劣",是指虐待行为持续时间较长、次数较多;虐待手段残忍;虐待造成被害人轻微伤或者患较严重疾病;对未成年人、老年人、残疾人、孕妇、哺乳期妇女、重病患者实施较严重的虐待行为等情形。从追究方式来说,虐待罪包括自诉和公诉两种情形:一般情形的虐待罪,告诉才处理,如果被害人没有能力告诉,或者因受到强制、威吓无法告诉的,国家机关可以主动介入追究;如果因虐待行为致使被害人重伤、死亡的,这种情形下的虐待罪就成为公诉罪,即使被害人或其亲属不告诉,国家机关也会主动追究。虐待"致使被害人重伤、死亡",是指行为人主观上不具有侵害被害人健康或者剥夺被害人生命的故意,而是出于追求被害人肉体和精神上的痛苦,长期或者多次实施虐待行为,逐渐造成被害人身体损害,过失导致被害人重伤或者死亡;或者因虐待致使被害人不堪忍受而自残、自杀,导致重伤或者死亡的情形。对于这两种情形,应当以虐待罪加重处罚。在本案中,被告人秦某经常性、持续性地采取辱骂、殴打等手段损害妻子李某的身心健康,致使李某不堪忍受身体上和精神上的摧残而自杀,就属于虐待"致使被害人重伤、死亡"的情形。需要注意的是,如果行为人实施家庭暴

笔记区

力时主观上具有希望或者放任被害人重伤或死亡的故意，且暴力手段残忍，暴力程度较强，直接或者立即造成被害人重伤或者死亡的，则应以故意伤害罪或者故意杀人罪定罪处罚。

知识链接

《中华人民共和国刑法》第二百六十条　虐待家庭成员，情节恶劣的，处二年以下有期徒刑、拘役或者管制。

犯前款罪，致使被害人重伤、死亡的，处二年以上七年以下有期徒刑。

第一款罪，告诉的才处理，但被害人没有能力告诉，或者因受到强制、威吓无法告诉的除外。

纠纷解决技巧

在现代社会，家庭成员之间的法律地位是平等的。随着近些年来法律的宣传普及，人们对于家庭暴力早已不像过去那样容忍，但有些人仍然有“打老婆孩子是家务事”“家务事不归法律管”的错误观念。家庭暴力与虐待既有联系又有区别，家庭暴力可以是偶发的，持续的、经常性的家庭暴力就会成为虐待。对于惯于实施家暴的人来说，要对其加强法制教育，必要时对其处以法律制裁。对于遭受家暴和虐待的人来说，遇到家暴和虐待时，不要一忍再忍，隐忍只会让自己的处境越来越糟，要勇敢地拿起法律武器保护自己和家人。

笔记区

选择题

关于虐待罪,下列说法中错误的一项是(　　)[1]。

A. 虐待家庭成员不是法律不干涉的私事

B. 虐待家庭成员情节恶劣的,构成虐待罪

C. 虐待家庭成员致使其死亡的,一律构成故意杀人罪

D. 虐待家庭成员构成犯罪的,可能通过自诉,也可能通过公诉来追究其刑事责任

---

① 答案:C。

笔记区

38. 雇用童工劳动的黑砖窑主会受到什么处罚?

案例

左某、李某在各自承包经营砖窑期间,雇用童工在砖窑从事危重劳动。左某骗年仅 14 周岁的少年何某从事砖窑劳动,每天劳动时间长达 11 个小时,不发工资,并隐瞒真相,欺骗前来检查的派出所民警。李某雇用年仅 13 周岁的少年康某,每天从事超强度劳动八九个小时,达 3 个多月。法院判决两名被告人犯雇用童工从事危重劳动罪,各判处有期徒刑 3 年。

法律分析

雇用童工从事危重劳动罪,是指违反劳动管理法规,雇用未满 16 周岁的未成年人从事超强度体力劳动的,或者从事高空、井下作业的,或者在爆炸性、易燃性、放射性、毒害性等危险环境下从事劳动,情节严重的行为。违反劳动管理法规,是指违反《中华人民共和国劳动法》及其他劳动行政法规,这是构成本罪的前提条件。本罪的对象是童工,即未满 16 周岁的未成年人。《中华人民共和国劳动法》第 15 条规定,“禁止用人单位招用未满十六周岁的未成年人。文艺、体育和特种工艺单位招用未满十六周岁的未成年人,必须遵守国家有关规定,并保障其接受义务教育的权利”。违反劳动管理法规,雇用童工从事劳动的,都属于违法行为,但并非都属于犯罪,只有非法雇用童工从事危重劳动的才构成本罪。本罪中的“危重劳动”包括三类:(1)超强度体力劳动,即劳动强度超过劳动者正常体能所能承受程度的体力劳动。国家劳保部门根据有关指数将体力劳动的强度分为四级,其中第四级强度的体力劳动属于强度最大的劳动。需要注意的是,这里的劳动强度分级是针对正常的生产劳动作业所作的区分,并不是针对童工劳动的分类。由于童工的年龄跨度较大,在具体认定童工所从事的体力劳动是否属于超强度体力劳动时,可以参考这一分级标准,并结合被雇用童工的年龄、身体发育状况、承受能力等,对其所从事的劳动的强度进行判断。(2)高空和井下作业。高空作业具有一定的危险性,井下作业劳动强度较大且环境相对比较恶劣,会严重损害未成年人的身体健康,无论是高空作业还是井下作业,都需要作业者具有专门的技术知识和自我保护技能。对于未成年人特别是未满 16 周岁的人来说,这是不适合从事的劳动。(3)在爆炸性、易燃性、放射性、毒害性等危险环境下从事劳动。这些环境对人体健康具有危害性,未成年人身体发育尚不健全,更容易受到伤害;同时,在这些危险环境

笔记区

中从事劳动，要求劳动者具有一定的专业操作技能和安全知识以及自我保护能力，不满16周岁的未成年人也不适合。需要说明的是，刑法规定的是爆炸性、易燃性、放射性、毒害性“等”危险环境，这意味着，除上述危险环境外，雇用童工在与上述环境相当的其他危险环境下劳动的，也可以构成本罪。本罪是情节犯，雇用童工从事危重劳动，情节严重才构成犯罪。根据2008年最高人民检察院与公安部发布的《关于公安机关管辖的刑事案件立案追诉标准的规定（一）》，有下列情形之一的，被认为“情节严重”：（1）造成未满16周岁的未成年人伤亡或者对其身体健康造成严重伤害的；（2）雇用未满16周岁的未成年人3人以上的；（3）以强迫、欺骗等手段雇用未满16周岁的未成年人从事危重劳动的；（4）其他情节严重的情形。

知识链接

《中华人民共和国刑法》第二百四十四条之一　违反劳动管理法规，雇用未满十六周岁的未成年人从事超强度体力劳动的，或者从事高空、井下作业的，或者在爆炸性、易燃性、放射性、毒害性等危险环境下从事劳动，情节严重的，对直接责任人员，处三年以下有期徒刑或者拘役，并处罚金；情节特别严重的，处三年以上七年以下有期徒刑，并处罚金。

有前款行为,造成事故,又构成其他犯罪的,依照数罪并罚的规定处罚。

笔记区

纠纷解决技巧

有的单位为了节约用工成本,会雇用未成年人从事劳动。雇用未成年人劳动都属于违法行为,但并不一律是违法犯罪。《中华人民共和国劳动法》第 15 条第 1 款规定,“禁止用人单位招用不满十六周岁的未成年人”。而已满 16 周岁不满 18 周岁的未成年人可以依法受雇从事与其年龄和身体状况相应的劳动。《中华人民共和国未成年人保护法》第 61 条第 1 款和第 2 款规定,“营业性娱乐场所、酒吧、互联网上网服务营业场所等不适宜未成年人活动的场所不得招用已满十六周岁的未成年人。招用已满十六周岁未成年人的单位和个人应当执行国家在工种、劳动时间、劳动强度和保护措施等方面的规定,不得安排其从事过重、有毒、有害等危害未成年人身心健康的劳动或者危险作业”。所以,无论是企业还是个体户,在具体工作中需要雇用未成年人从事劳动的,应当事先了解清楚《中华人民共和国劳动法》、《中华人民共和国未成年人保护法》以及《中华人民共和国刑法》的有关规定,并且对可以合法雇用的已满 16 周岁不满 18 周岁的未成年人做好有关劳动技术和安全知识方面的培训,同时依据法律规定为其提供必

笔记区

要的劳动保护和安全保障。未成年劳动者也需要了解相关的法律知识，对于雇主提出的违反劳动管理法规和其他法律的要求敢于拒绝，并知道该如何维护自己的合法权利。

选择题

关于雇用童工从事危重劳动罪，以下说法中错误的是（　　）①。

A. 本罪对象是未满 14 岁的未成年人

B. 高空、井下作业属于本罪中的危重劳动

C. 是否属于超强度体力劳动，需要根据具体案件情况判断

D. 雇用童工从事危重劳动，情节严重的才能构成本罪

① 答案：A。

笔记区

▶ 39. 开网店倒卖个人信息，犯法吗？

案例

卫某是某县某银行的一名工作人员，通过单位内部网络，卫某可以查询公民个人的社会关系、房产信息、车辆牌号、宾馆刷卡记录等信息。卫某通过开设淘宝网店、QQ聊天等方式，出售个人信息。短短几个月，非法获利6万余元。案发后，办案人员发现多起转账记录，仅从卫某的QQ邮箱已发出的涉案邮件中就提取出了公民个人信息1.2万余条。法院经审理认为，被告人卫某身为银行工作人员，将本单位在办理业务过程中获得的客户个人信息对外出售，构成侵犯公民个人信息罪，判处卫某有期徒刑3年，并处罚金2万元。

法律分析

侵犯公民个人信息罪，是指违反国家有关规定，向他人出售或者提供公民个人信息，情节严重，或者非法获取公民个人信息的行为。“个人信息”是以电子或者其他方式记录的能够单独或者与其他信息结合识别特定自然人的各种信息，包括自然人的姓名、出生日期、身份证件号码、生物识别信息、住址、电话号码、电子邮箱、健康信息、行踪信息等。侵犯公民个人信息罪的行为包括两种：(1)将自己所知晓或者掌握的公民个人信息向他人出售或者提供，情节严重。需要注意的是，在这种情形下，行为人知晓或者掌握的公民个人信息不是通过非法方法或渠道获得的。也就是说，是合法获得他人的个人信息，比如，基于与他人的熟人关系而自然知晓他人的个人信息，或者履行职责、提供服务过程中正常获得他人的个人信息(如果是以非法方式获取他人的个人信息，那就属于后面第二种情况了)。在合法获得他人个人信息的情况下，违反国家有关规定，向别人出售或者提供公民个人信息，就是违法行为了，情节严重的，构成本罪。(2)非法获取公民个人信息。非法获取的方式包括窃取公民个人信息，或者违反国家有关规定，以购买、收受、交换等方式获取公民个人信息，或者在履行职责、提供服务过程中非法收集公民个人信息。自然人和单位都可以构成本罪，单位犯本罪的，既处罚单位，也处罚有关责任人员。对于那些因职责或业务原因而得以合法获取公民个人信息的单位和个人，因其负有一定的保密义务，如果违反国家有关规定，将在履行职责或者提供服务过程中获得的公民个人信息，出售或者提供给他人的，刑法规定要从重处罚。

笔记区

知识链接

《中华人民共和国刑法》第二百五十三条之一 违反国家有关规定，向他人出售或者提供公民个人信息，情节严重的，处三年以下有期徒刑或者拘役，并处或者单处罚金；情节特别严重的，处三年以上七年以下有期徒刑，并处罚金。

违反国家有关规定，将在履行职责或者提供服务过程中获得的公民个人信息，出售或者提供给他人的，依照前款的规定从重处罚。

窃取或者以其他方法非法获取公民个人信息的，依照第一款的规定处罚。

单位犯前三款罪的，对单位判处罚金，并对其直接负责的主管人员和其他直接责任人员，依照各该款的规定处罚。

纠纷解决技巧

公民的个人信息不仅与个人的日常生活与安全直接相关，而且关涉个人的名誉和社会评价。个人信息被泄露既可能给公民带来物质上的损失，也可能造成精神上的伤害，并且会影响公民在社会生活中某些权利的实现。在网络时代，个人信息保护面临前所未有的严峻挑战，但很多人还没有意识到这一点，在各种社交平台和视频网站毫无

笔记区

遮掩地晒出个人生活中的诸多细节，甚至包括重要的个人信息。基层普法中要让群众了解个人信息保护的重要性，提高个人信息保护意识，同时也要了解转发、提供个人信息行为的合法边界，勿要侵犯他人的个人信息权。

选择题

下列哪一项不属于刑法所保护的“公民个人信息”？(　　)[①]

A. 个人的姓名

B. 个人的身份证号码

C. 个人的家庭住址

D. 个人在单位的行政职务

① 答案：D。

笔记区

▶ 40. 盗窃数额不大，就不是犯罪吗？

案例

冯某在某超市购物时，利用自助收银台无人看守之机，采取对部分选购商品不扫码结账的方式盗窃了白酒、熟食等，后被超市工作人员发现并报警，冯某被当场查获。经评估，被盗商品的价格为125.74元。后经店方查看监控录像，发现冯某曾先后5次在该超市盗窃白酒、方便面、速冻饺子等商品，经评估，被盗商品的价格为423.52元。后冯某退赔超市上述全部经济损失。法院经审理后判决被告人冯某犯盗窃罪，判处拘役4个月，缓刑4个月，并处罚金1000元。冯某又后悔又困惑："我知道偷东西是违法的，但是，数额不大也是犯罪吗？"

法律分析

盗窃罪是现实生活中最常见多发的犯罪。我国刑法关于盗窃罪的规定几经修改，盗窃罪的范围不断扩大，概括来说，盗窃罪包括五种情形：(1)盗窃公私财物，数额较大；(2)多次盗窃；(3)入户盗窃；(4)携带凶器盗窃；(5)扒窃。上述五种情形是并列的，满足任何一种情形，均可成立盗窃罪。对于后四种情形，刑法中都没有盗窃数额或者

笔记区

情节的限定。这就意味着,多次盗窃、入户盗窃、携带凶器盗窃或者扒窃,即使数额不大,也成立盗窃罪。那么,如何理解后四种情形?根据2013年最高人民法院与最高人民检察院发布的《关于办理盗窃刑事案件适用法律若干问题的解释》,“多次盗窃”,是指2年内盗窃3次以上。“入户盗窃”,是指非法进入供他人家庭生活、与外界相对隔离的住所实施盗窃。“携带凶器”,是指携带枪支、爆炸物、管制刀具等国家禁止个人携带的器械,或者携带其他足以危害他人人身安全的器械。“扒窃”,是指在公共场所或者公共交通工具上盗窃他人随身携带的财物。在本案中,冯某即属于多次盗窃的情形,虽然盗窃的财物未达到数额较大,但也已经构成盗窃罪。

知识链接

《中华人民共和国刑法》第二百六十四条 盗窃公私财物,数额较大的,或者多次盗窃、入户盗窃、携带凶器盗窃、扒窃的,处三年以下有期徒刑、拘役或者管制,并处或者单处罚金;数额巨大或者有其他严重情节的,处三年以上十年以下有期徒刑,并处罚金;数额特别巨大或者有其他特别严重情节的,处十年以上有期徒刑或者无期徒刑,并处罚金或者没收财产。

笔记区

纠纷解决技巧

人们一般都知道偷东西是违法的，但是很多人对盗窃罪的了解还停留在多年以前，并没有关注刑法关于盗窃罪的修改变化，仍然以为盗窃数额不大就不是犯罪，只是一般违法行为，即使被发现了，也不过是被警察批评教育一下，最多行政拘留几天。在超市发生的多次盗窃案件中，绝大多数犯罪人都是出于占便宜的动机和侥幸心理，以为自助收银台无人看管，不扫码结账不会被发现。殊不知，现在绝大多数超市都安装了摄像头，自助收银台（结账机）更是监控重点。因此，在普法宣传中，一是要让群众了解立法的修改变化，特别是近年来刑法的修改比较频繁，基层普法也要及时跟上；二是要提醒群众约束好自己的行为，不要有侥幸心理，“小动作”逃不过摄像头的“注视”。

选择题

关于盗窃罪，以下说法中错误的一项是（　　）[①]。

A. 盗窃公私财物数额较大的，构成盗窃罪

B. 多次盗窃，即使数额不大，也构成盗窃罪

C. 入户盗窃、携带凶器盗窃以及扒窃，数额不大也构成盗窃罪

D. 盗窃行为只要数额不大，就不构成犯罪

---

① 答案：D。

笔记区

▶ 41. 帮人转账就可以轻松赚钱，你知道这可能构成犯罪吗？

案例

宋某、杜某与陈某（在逃）是老乡。宋某、杜某明知陈某在实施网络诈骗活动，仍将自己的银行卡租给陈某，以供其进行资金转账并从中获取转账金额0.4%的好处费。宋某先后租给陈某5张银行卡、杜某租给陈某4张银行卡。上述银行卡被陈某等人用于实施电信网络诈骗犯罪，宋某提供的银行卡支付结算总额共计382万余元，获利1.4万余元；杜某提供的银行卡支付结算总额共计148万余元，获利6000元。法院判决被告人宋某和杜某犯帮助信息网络犯罪活动罪，判处宋某有期徒刑8个月，并处罚金1万元；判处杜某有期徒刑6个月，缓刑1年，并处罚金5000元。

法律分析

帮助信息网络犯罪活动罪，是指明知他人利用信息网络实施犯罪，为其犯罪提供互联网接入、服务器托管、网络存储、通信传输等技术支持，或者提供广告推广、支付结算等帮助，情节严重的行为。本罪客观方面的行为包括两

笔记区

种:一种是提供技术方面的支持;另一种是提供广告推广、支付结算等其他方面的帮助。前述帮助行为必须达到情节严重,才能构成本罪。根据2019年最高人民法院、最高人民检察院发布的《关于办理非法利用信息网络、帮助信息网络犯罪活动等刑事案件适用法律若干问题的解释》的规定,有下列情形之一的,属于“情节严重”:(1)为3个以上对象提供帮助的;(2)支付结算金额20万元以上的;(3)以投放广告等方式提供资金5万元以上的;(4)违法所得1万元以上的;(5)2年内曾因非法利用信息网络、帮助信息网络犯罪活动、危害计算机信息系统安全受过行政处罚,又帮助信息网络犯罪活动的;(6)被帮助对象实施的犯罪造成严重后果的;等等。除自然人外,单位也可以构成本罪。本罪在主观方面只能是故意,过失不构成本罪。例如,A被朋友B的谎言所蒙蔽,确实不知道其在利用信息网络实施犯罪,从而用自己的账户帮助B转账,经查证A确实不知的,不构成本罪。但是否“明知”,通过司法机关查证确认。值得注意的是,本罪的认定并不以被帮助的人被定罪判刑为前提,被帮助的人实施了犯罪行为就可以确认,但被帮助的人尚未被抓获归案、尚未被依法审判或者因未达到刑事责任年龄等原因而未被追究刑事责任的,不影响本罪的认定。在本案中,宋某和杜某明知陈某在实施电信网络诈骗犯罪,而将自己的多张银行卡租给陈某,为

笔记区

其提供帮助，情节严重，成立帮助信息网络犯罪活动罪。尽管陈某尚未归案，但其犯罪证据确凿，因此并不影响依法追究宋某和杜某的刑事责任。

知识链接

《中华人民共和国刑法》第二百八十七条之二 明知他人利用信息网络实施犯罪，为其犯罪提供互联网接入、服务器托管、网络存储、通讯传输等技术支持，或者提供广告推广、支付结算等帮助，情节严重的，处三年以下有期徒刑或者拘役，并处或者单处罚金。

单位犯前款罪的，对单位判处罚金，并对其直接负责的主管人员和其他直接责任人员，依照第一款的规定处罚。

有前两款行为，同时构成其他犯罪的，依照处罚较重的规定定罪处罚。

纠纷解决技巧

近两年，帮助信息网络犯罪活动罪的案件明显增多。犯罪分子以蝇头小利为诱饵，诱使他人出租、出借、出售自己的银行卡、手机卡，提供给犯罪团伙用于网络诈骗犯罪。有的人贪图小利，抵制不了诱惑，就陷入其中。从犯罪预防角度来说，既要防止成为网络诈骗的被害人，也要注意不要成为他人实施网络诈骗的帮凶。首先，要端正心态，放弃“人在家中坐，钱从天上来”的妄想，不要贪小利而犯大错，靠踏实工作赚来的钱才能心安理得；其次，要提高辨别能力，对于他人因生意需要借用银行卡或者请求提供技术帮忙等说辞心里有疑惑的，要保持警惕，必要时找身边懂法的人询问，不要因轻信和鲁莽而将自己陷入违法犯罪的困境。

选择题

在明知他人利用信息网络实施犯罪的情况下，以下哪个行为不会构成帮助信息网络犯罪活动罪？（　　）[1]

A. 为其提供互联网服务器托管

B. 为其提供广告推广

C. 为其提供银行卡帮助支付结算

D. 为其提供午餐

---

① 答案：D。

笔记区

▶ 42. 编造、传播虚假信息，后果有多严重？

案例

2019 年 7 月，某地连日大雨，多个市、县遭遇水灾，许某在微信朋友圈编造并发布了“内部消息：某某镇要保不住了，再不逃来不及了”等虚假灾情信息。有的居民因此感到恐慌，纷纷向市政务便民服务平台、公安局“110”接警中心等部门拨打电话询问相关情况，有群众甚至急忙开车奔向高速公路，导致高速公路入口严重堵塞。法院认定，被告人许某的行为严重扰乱了有关单位的正常办公秩序，阻碍了抢险救灾活动的正常进行，判决许某犯编造、故意传播虚假信息罪，判处有期徒刑 1 年零 6 个月。

法律分析

编造虚假信息或者明知是虚假信息而故意传播，严重扰乱社会秩序的，构成犯罪。根据行为人所编造和传播的信息的性质和内容不同，分为两种情况：其一，编造恐怖信息或者明知是编造的恐怖信息而故意传播，严重扰乱社会秩序的，构成编造、故意传播虚假恐怖信息罪。“虚假恐怖信息”，是指以发生爆炸威胁、生化威胁、放射威胁、劫持航空器威胁等严重威胁公共安全的事件为内容，可能引起社会恐慌或者公共安全危机的不真实信息。其二，编造虚假的险情、疫情、灾情、警情，在信息网络或者其他媒体上传播，或者明知是此类虚假信息而故意在信息网络或者其他媒体上传播，严重扰乱社会秩序的，构成编造、故意传播虚假信息罪。无论是编造或者故意传播上述哪一种虚假信息，均须达到严重扰乱社会秩序的程度，才能构成犯罪。"严重扰乱社会秩序"一般是指以下情形：致使机场、车站、码头等人员密集场所秩序混乱；影响航空器、列车、船舶等大型客运交通工具正常运行；致使机关、学校、医院、企业等工作中断、秩序混乱；造成居民区生活秩序严重混乱；致使公安、武警、消防、卫生检疫等部门采取紧急应对措施；等等。另外，这两罪都是故意犯罪，过失传播虚假信息的，不构成犯罪。该案被告人许某在当地遭遇灾情期间，编造虚假灾情信息并在网络上故意传播，导致大量社会公共资源被损耗，严重扰乱了社会秩序，并阻碍了抢险救灾活动的开展，其行为构成编造、故意传播虚假信息罪，应依法惩处。

知识链接

《中华人民共和国刑法》第二百九十一条之一 投放虚假的爆炸性、毒害性、放射性、传染病病原体等物质，或者编造爆炸威胁、生化威胁、放射威胁等恐怖信息，或者明知是编造的恐怖信息而故意传播，严重扰乱社会秩序的，

笔记区

处五年以下有期徒刑、拘役或者管制；造成严重后果的，处五年以上有期徒刑。

编造虚假的险情、疫情、灾情、警情，在信息网络或者其他媒体上传播，或者明知是上述虚假信息，故意在信息网络或者其他媒体上传播，严重扰乱社会秩序的，处三年以下有期徒刑、拘役或者管制；造成严重后果的，处三年以上七年以下有期徒刑。

纠纷解决技巧

在互联网时代，网络媒体上充斥海量信息，真假难辨。但网络并非法外之地，随意编造虚假信息或者故意传播虚假信息的，很可能会引起现实生活中社会秩序的混乱，从而招致刑事处罚。因此，对于普通网民来说，要注意约束自己在网络上的言论，不要编造虚假灾情、警情等信息，看到此类信息，在没有核实之前，尽量不要随意转发。这既是对自己负责，也是对社会负责。

选择题

编造、传播以下哪种信息不会构成犯罪？（　　）①

A. 虚假促销信息　　B. 虚假恐怖信息

C. 虚假疫情信息　　D. 虚假灾情信息

① 答案：A。

笔记区

▶ 43. 从高处往下扔东西没有砸到人，犯法吗？

案例

徐某与王某因言语不和发生争执。徐某一时激愤，从厨房拿出一把菜刀，王某见状上前夺刀未果，徐某将菜刀从三楼抛掷至楼下公共租赁房附近。楼下居民发觉后向楼上质问，徐某听到质问声后，又去厨房拿来第二把菜刀，王某再次上前夺刀未果，徐某又将第二把菜刀抛下，楼下居民见状报警。法院判决被告人徐某犯高空抛物罪，判处有期徒刑6个月，并处罚金2000元。

法律分析

近年来，在社会生活中，高空抛物、坠物乱象频生，严重威胁群众的生命财产安全。2020年《中华人民共和国刑法》修订时新增设了高空抛物罪，本罪的设立旨在保护人民群众“头顶上的安全”。根据刑法规定，高空抛物罪，是指从建筑物或者其他高空抛掷物品，情节严重的行为。关于“高空”，目前并没有明确的界定，但从生活常识来说，至少一层楼以上的高度（3米左右）才能视作“高空”，如果住在楼房一层的行为人打开门窗往外扔东西，不能认定为高空抛物，倘若造成危害后果，根据案件的主客观情况，可以

笔记区

认定为其他犯罪。当然,如果从楼房的一层往地下室抛掷物品,则属于高空抛物。高空抛物行为情节严重的才能构成本罪;倘若情节轻微,如抛掷的是几张纸片或者羽毛等重量很轻、不会造成实际损害后果的物品,则不构成本罪。高空抛物罪是故意犯罪,如果是过失导致物品从高空坠落,致人重伤、死亡的,构成过失致人重伤罪或者过失致人死亡罪;如果是在生产、作业中,违反有关安全管理规定,从高空坠落物品,导致重大伤亡事故或者造成其他严重后果的,则构成重大责任事故罪。值得注意的是,故意高空抛物的行为并不一定只能构成高空抛物罪。根据行为当时的具体环境、行为人抛物时主观故意的内容、抛掷的物品以及后果等,高空抛物行为也可能构成其他犯罪,如故意伤害罪、故意杀人罪、故意毁坏财物罪、以危险方法危害公共安全罪等。本案是全国首例以高空抛物罪判处的案件,被告人徐某高空抛物行为虽然没有造成人身伤害或重大财产损失的严重后果,但其从建筑物连续两次抛掷菜刀的行为无疑属于情节严重,因此被认定为高空抛物罪。

知识链接

《中华人民共和国刑法》第二百九十一条之二 从建筑物或者其他高空抛掷物品,情节严重的,处一年以下有期徒刑、拘役或者管制,并处或者单处罚金。

笔记区

有前款行为,同时构成其他犯罪的,依照处罚较重的规定定罪处罚。

纠纷解决技巧

在实践中,高空抛物刑事案件中有相当一部分案件与家庭矛盾有关,很多高空抛物行为往往是当事人在泄愤情绪下冲动实施的。当事人泄愤时觉得很痛快,但其所面临的将是被追究刑事责任。旁观这些教训,我们能够有所领悟的是:情绪管理非常重要,在任何情况下都不能丧失基本理性。凡事都有解决之道,即使发泄愤怒也要用合理、合法的方式,不能置他人的安全、公共安全于不顾,否则就会为自己的鲁莽付出代价。

选择题

以下说法中,正确的是(　　)[①]。

A. 从楼上往下扔东西,只要没有砸到人或者车,就不构成犯罪

B. 只要是高空抛物,哪怕是扔了一张面巾纸,也构成犯罪

C. 高空抛物,尚未造成严重后果的,也可能构成犯罪

D. 过失导致物品从高空坠落,即使造成损害后果,也不构成犯罪

① 答案:C。

笔记区

44. 哪些讨债行为要承担刑事责任？

案例

2019年，刘某因生意周转3次向曾某高利借贷合计30万元，并约定按月归还利息，后因资金紧张，无力归还剩余本金及利息。2020年7月15日，曾某要求刘某筹钱还款，因未筹到钱，曾某、肖某将刘某带至某住宅，继续要求刘某筹钱还款，直至第二天才让刘某离开，并让肖某24小时跟守刘某。此后，肖某不顾刘某妻子、儿女在家，24小时与刘某同吃同住于刘某家中，并跟随刘某与朋友聚餐等，直至2020年10月刘某逃离老家，上述行为持续时间达2个多月。法院判决被告人曾某、肖某犯催收非法债务罪，判处有期徒刑9个月，并处罚金。

法律分析

近年来，对于先发放“小额贷”等各种名目的高利贷，然后采用限制自由、非法侵入住宅或跟踪、滋扰等手段催讨债务的案件，在司法处理中根据具体手段，有的以非法拘禁罪论处，有的以非法侵入住宅罪论处，还有的认定为寻衅滋事罪，司法标准不统一。2020年《中华人民共和国刑法修正案(十一)》规定了催收非法债务罪，为此类行为

笔记区

的定性提供了统一的认定依据。催收非法债务罪中,所催收的债务必须是非法债务。对于本罪中的非法债务,不能狭隘地理解为,仅是指高利贷产生的债务,还包括因赌博、吸毒、嫖娼等不法原因所产生的债务。关于高利贷的标准问题,最高人民法院《关于审理民间借贷案件适用法律若干问题的规定》明确,法律允许的民间借贷的借款利率不得超过中国人民银行授权全国银行间同业拆借中心每月发布的一年期贷款市场报价利率(LPR)的4倍。据此规定,民间借贷的利率虽然高于银行同期市场利率,但只要没有突破规定的上限,就不能评价为非法债务。催收非法债务罪的行为方式包括三种:使用暴力、胁迫方法的;限制他人人身自由或者侵入他人住宅的;恐吓、跟踪、骚扰他人的。恐吓与胁迫有所不同,胁迫是以实施暴力相威胁,恐吓则是以对被害人不利的事实(如曝光被害人的隐私)进行威吓。催收非法债务行为情节严重的,才能构成本罪。关于情节严重,要综合考虑行为人的主观恶意、行为手段、场所、次数等。在本案中,被告人采取限制他人人身自由、侵入他人住宅等方式催收非法债务,持续时间长,严重影响他人正常生活,属于情节严重,因此法院认定其成立催收非法债务罪。

笔记区

知识链接

《中华人民共和国刑法》第二百九十三条之一 有下列情形之一,催收高利放贷等产生的非法债务,情节严重的,处三年以下有期徒刑、拘役或者管制,并处或者单处罚金:

(一)使用暴力、胁迫方法的;

(二)限制他人人身自由或者侵入他人住宅的;

(三)恐吓、跟踪、骚扰他人的。

纠纷解决技巧

随着经济的快速发展,以民间借贷为幌子的"套路贷"也借势而兴,不当催收行为随之愈演愈烈。近年来,媒体上报道了很多因为"套路贷"、高利贷等引起的自杀、卖房还债等事件,这些事件的背后都少不了"暴力催收"的影子。近几年在扫黑除恶斗争中,催收非法债务罪也是适用较多的一个罪名。非法债务不受法律保护,用非法手段催收非法债务可能构成犯罪。还要注意的是,就算是合法债务,采用非法手段催收,也有可能构成犯罪(不构成催收非法债务罪,但有可能构成别的犯罪,如非法拘禁罪)。

选择题

笔记区

下列哪项行为不构成催收非法债务罪?(　　)[①]

A. 以殴打、胁迫方法催收高利贷

B. 跟踪他人,逼迫其归还合法债务

C. 将他人关禁闭一周,以催收高利贷

D. 带一大帮人闯入他人家中打砸,以催收高利贷

---

① 答案:B。

笔记区

▶ 45. 实施黑社会性质组织犯罪将承担哪些刑事责任?

案例

杨某采取一起吃喝玩乐、提供经济资助、帮助摆平事端等手段将许某、韩某、樊某等30余人笼络在其身边,购买刀具、枪支用于武装团伙,逐步形成了以杨某为首,许某、韩某、樊某等人为骨干成员的较稳定的犯罪组织。该组织以暴力、威胁等手段,先后在某县城及周边地区有组织地实施了寻衅滋事、聚众斗殴、故意伤害、开设赌场等违法犯罪活动,作案20余起;该组织通过开设赌场、强行入股、收取保护费、强揽工程等手段大肆聚敛钱财;利用组织的强势地位,摆场示威,恶意参与竞拍、强行入股、受人雇请干扰正常经营活动、参与暴力拆迁等,严重破坏了当地的社会治安经济秩序;公然藐视、对抗法律,致使政府相关职能部门工作受阻,给群众造成了严重的心理强制。某市人民法院判决杨某犯组织、领导黑社会性质组织罪,聚众斗殴罪,开设赌场罪,寻衅滋事罪,窝藏罪,非法持有枪支罪,数罪并罚,决定执行有期徒刑15年零6个月。其余37名黑恶组织成员分别被依法判处1~10年有期徒刑。

法律分析

笔记区

根据刑法规定,黑社会性质组织具有以下四个基本特征:(1)组织特征:形成较稳定的犯罪组织,人数较多,有明确的组织者、领导者,骨干成员基本固定;(2)经济特征:有组织地通过违法犯罪活动或者其他手段获取经济利益,具有一定的经济实力,以支持该组织的活动;(3)行为特征:以暴力、威胁或者其他手段,有组织地多次进行违法犯罪活动,为非作恶,欺压、残害群众;(4)危害性特征:通过实施违法犯罪活动,或者利用国家工作人员的包庇或者纵容,称霸一方,在一定区域或者行业内,形成非法控制或者重大影响,严重破坏经济、社会生活秩序。组织、领导、参加黑社会性质组织罪的主体是一般主体,年满 16 周岁的自然人都可以成立本罪;客观方面的行为是组织、领导或者参加黑社会性质组织。在本案中,杨某组织、领导成立的犯罪组织具备了黑社会性质组织的四个基本特征,因此其成立组织、领导黑社会性质组织罪;此外,杨某还实施了其他犯罪行为,对其应依法予以数罪并罚。

知识链接

《中华人民共和国刑法》第二百九十四条 组织、领导黑社会性质的组织的,处七年以上有期徒刑,并处没收财产;积极参加的,处三年以上七年以下有期徒刑,可以并处

笔记区

罚金或者没收财产;其他参加的,处三年以下有期徒刑、拘役、管制或者剥夺政治权利,可以并处罚金。

境外的黑社会组织的人员到中华人民共和国境内发展组织成员的,处三年以上十年以下有期徒刑。

国家机关工作人员包庇黑社会性质的组织,或者纵容黑社会性质的组织进行违法犯罪活动的,处五年以下有期徒刑;情节严重的,处五年以上有期徒刑。

犯前三款罪又有其他犯罪行为的,依照数罪并罚的规定处罚。

黑社会性质的组织应当同时具备以下特征:

(一)形成较稳定的犯罪组织,人数较多,有明确的组织者、领导者,骨干成员基本固定;

(二)有组织地通过违法犯罪活动或者其他手段获取经济利益,具有一定的经济实力,以支持该组织的活动;

(三)以暴力、威胁或者其他手段,有组织地多次进行违法犯罪活动,为非作恶,欺压、残害群众;

(四)通过实施违法犯罪活动,或者利用国家工作人员的包庇或者纵容,称霸一方,在一定区域或者行业内,形成非法控制或者重大影响,严重破坏经济、社会生活秩序。

纠纷解决技巧

黑社会性质犯罪危及社会治安,影响群众人身、财产安全,妨害社会生活秩序,我国多次组织严厉打击黑社会性质犯罪的专项行动。2021 年 5 月,中共中央办公厅、国务院办公厅印发《关于常态化开展扫黑除恶斗争巩固专项斗争成果的意见》,对常态化开展扫黑除恶斗争作出安排部署。2021 年 12 月,全国人大常委会通过了《中华人民共和国反有组织犯罪法》,为常态化开展扫黑除恶斗争提供了重要的法治保障。根据《中华人民共和国反有组织犯罪法》的规定,有关部门应当通过普法宣传、以案释法等方式,开展反有组织犯罪宣传教育,对涉及未成年人的有组织犯罪活动,依法从重追究刑事责任。

选择题

"有组织地通过违法犯罪活动或者其他手段获取经济利益,具有一定的经济实力,以支持该组织的活动",这是黑社会性质组织的(　　)[①]。

A. 组织特征

B. 经济特征

C. 行为特征

D. 危害特征

---

① 答案:B。

笔记区

▶ 46. 在微信群里赌博，是犯罪吗？

案例

詹某、魏某创建专门赌博的微信群，并各出资1000元作为流动资金，把一些喜欢赌博的人拉进群，利用某app游戏软件，进行赌博活动，并以日工资300元雇用游某为赌博群财务。参赌人员通过微信先把赌资转给游某，游某再根据每局输赢扣除抽“水钱”部分后向“赢家”支付赌资。建群至案发短短11天，案涉赌资累计19.5万余元，一共抽“水钱”1.2万余元。法院以开设赌场罪，分别判处詹某、魏某有期徒刑8个月，并处罚金5000元；判处游某拘役5个月，缓刑6个月，并处罚金2000元。

法律分析

针对赌博犯罪，我国刑法规定了三个罪名：赌博罪、开设赌场罪、组织参与国（境）外赌博罪。以营利为目的，聚众赌博或者以赌博为业的，构成赌博罪。开设赌场的，构成开设赌场罪。组织我国公民参与国（境）外赌博，数额巨大或者有其他严重情节的，构成组织参与国（境）外赌博罪。由于传统方式的赌博活动比较容易被发现，为了逃避公安机关对赌博活动的查处，赌博者采取了更隐蔽的方式，在微信群里以“猜字谜”“猜动物”游戏和抢红包等方式进行赌博活动。但是，网络并非法外之地，以营利为目的，通过邀请人员加入微信群，利用微信群进行控制管理，以做游戏、抢红包等方式进行赌博，在一段时间内持续组织赌博活动的行为，也属于“开设赌场”。网络的普及使赌博犯罪活动表现出新特点，法律规定及其解释也随之更新，比如，“聚众赌博”的含义不再限于线下聚集，也包括线上聚集；对于“赌场”的理解与界定不再局限于传统意义上某个特定的物理空间，其含义也拓展到了虚拟空间；同样，组织中国公民参与国（境）外赌博的形式，既包括组织、招揽中国公民赴国（境）外实体赌场赌博，也包括利用信息网络、通信终端等传输赌博视频、数据，组织中国公民参与跨境网络赌博。

知识链接

《中华人民共和国刑法》第三百零三条 以营利为目的，聚众赌博或者以赌博为业的，处三年以下有期徒刑、拘役或者管制，并处罚金。

开设赌场的，处五年以下有期徒刑、拘役或者管制，并处罚金；情节严重的，处五年以上十年以下有期徒刑，并处罚金。

组织中华人民共和国公民参与国（境）外赌博，数额巨

笔记区

大或者有其他严重情节的,依照前款的规定处罚。

纠纷解决技巧

网络的普及带来了日常生活的巨大变化,犯罪活动也借助网络花样不断翻新,但是,万变不离其宗,形式虽然变了,行为的本质并没有变。近年来,网络赌博在很多地方比较猖獗,不法分子借助微信、QQ 等聊天工具组织、参与网络赌博,自以为很隐蔽。但网络不是法外之地,网络上的违法犯罪活动逃不过网警的视线。赌博的危害已不必多说,现实生活中因赌博导致家产败光、妻离子散的事例数不胜数,普通人务必引以为戒、远离赌博。

选择题

关于赌博犯罪,以下说法中错误的是(　　)①。

A. 过节时亲友间不以营利为目的进行的带有少量财物输赢的棋牌麻将游戏,不构成赌博罪

B. 赌场既包括具有现实物理空间的场所,也包括微信群等虚拟空间

C. 在 QQ 聊天室里赌博,不构成赌博犯罪

D. 组织中国公民参与跨境网络赌博,也构成组织参与国(境)外赌博罪

---

① 答案:C。

笔记区

47. 怎么旅游爬山会被判刑?

案例

张某、毛某、李某三人约定前往某风景名胜区攀爬当地以险峻闻名的地质遗迹巨蟒峰。2017 年 4 月 15 日上午,三人携带锤子、绳索等工具到达巨蟒峰底部。张某首先攀爬,在攀爬过程中,张某在有危险的地方用锤子将钉子打入山体,然后在钉子上缠绕绳索,借助绳索往上攀爬。毛某和李某跟在张某后面为张某做保护,并沿着张某布好的绳索,先后攀爬到巨蟒峰顶部。三人在山顶拍照和录视频。后因景区管理处报警,三人被民警控制。经现场勘查,张某在巨蟒峰上打入钉子 20 多个,三人的行为对巨蟒峰地质遗迹点造成了严重损毁。法院判决三名被告人犯故意损毁名胜古迹罪,判处张某有期徒刑 1 年,并处罚金 10 万元;判处毛某有期徒刑 6 个月,缓刑 1 年,并处罚金 5 万元;对李某免予刑事处罚。

法律分析

《中华人民共和国刑法》第 324 条规定的 3 个罪名都是损毁型文物犯罪,即故意损毁文物罪、故意损毁名胜古迹罪、过失损毁文物罪。故意损毁文物罪与过失损毁文物

笔记区

罪的对象都是国家保护的珍贵文物，或者被确定为全国重点文物保护单位、省级文物保护单位的文物。这几类文物因其具有较高价值，刑法对其保护力度也比较大，故意对其实施损毁行为的，就构成故意损毁文物罪。过失损毁文物罪是过失犯罪，属于结果犯，造成严重后果的，才会被定罪处罚。刑法中保护的“名胜古迹”，是指风景名胜区的核心景区以及未被确定为全国重点文物保护单位、省级文物保护单位的古文化遗址、古墓葬、古建筑、石窟寺、石刻、壁画、近代现代重要史迹和代表性建筑等不可移动文物的本体。故意损毁名胜古迹，情节严重的，构成故意损毁名胜古迹罪。“情节严重”，是指致使名胜古迹严重毁损或者灭失，或者多次毁损或损毁多处名胜古迹等情形。在本案中，三名被告人合意去攀爬巨蟒峰地质遗迹，虽然在山体上打钉的行为是张某具体实施的，但三名被告人的行为是一个整体，相互之间有分工合作，他们的行为对国家保护的名胜古迹造成了严重损毁，因而构成故意损毁名胜古迹罪。

知识链接

《中华人民共和国刑法》第三百二十四条　故意损毁国家保护的珍贵文物或者被确定为全国重点文物保护单位、省级文物保护单位的文物的，处三年以下有期徒刑或者拘役，并处或者单处罚金；情节严重的，处三年以上十年以下有期徒刑，并处罚金。

笔记区

故意损毁国家保护的名胜古迹,情节严重的,处五年以下有期徒刑或者拘役,并处或者单处罚金。

过失损毁国家保护的珍贵文物或者被确定为全国重点文物保护单位、省级文物保护单位的文物,造成严重后果的,处三年以下有期徒刑或者拘役。

纠纷解决技巧

在旅游过程中屡屡有不文明的现象出现,损毁文物和名胜古迹的事情并不少见。文化遗产是历史的见证,无论是历史文化遗产还是自然文化遗产,都具有非常珍贵的价值。每一代人都担负保护文化遗产并将其延续下去的责任。要引导公众树立正确的旅游观念,文明旅游,懂得欣赏美而不破坏美,就像很多旅游场合的那句温馨提醒,“除了你的足迹,什么都别留下”“除了你的记忆,什么都别带走”。

选择题

以下哪一项不会构成损毁文物的犯罪?(　　)①

A. 在故宫里的汉白玉栏杆上刻几个字

B. 在博物馆里的唐代字帖上用毛笔画一幅画

C. 从明长城上拆几块砖头下来做纪念

D. 过失损毁县级文物保护单位的文物

---

① 答案:D。

笔记区

▶ 48. 村医为人看病,怎么就成非法行医了?

案例

刘某是一名村医,曾行医数十载,在某镇经营一家中医理疗馆。2019 年,其所持有的乡村医生执业证书因超过法定年龄,市卫健委未批准续期更换。2019 年 9 月,市卫健委明确告知刘某其执业证书已无效,且不具备开办医疗机构的要求。但是,刘某在收到相关文件后却继续行医,因此先后被市卫健委行政处罚两次。2020 年 10 月 21 日,刘某在其经营的中医理疗馆内非法开具处方并为患者注射药物,被市场监督管理局工作人员当场查获,并被移送司法机关。刘某表示,自己作为乡村医生行医多年,具有行医能力,也救治过很多当地村民,不应该是非法行医。

法律分析

非法行医罪,是指未取得医生执业资格的人非法行医,情节严重的行为。"未取得医生执业资格的人非法行医",是指以下几种情形之一:(1)未取得或者以非法手段取得医师资格从事医疗活动的;(2)被依法吊销医师执业证书期间从事医疗活动的;(3)未取得乡村医生执业证书,从事乡村医疗活动的;(4)家庭接生员实施家庭接生以外

笔记区

的医疗行为的。本案中的刘某属于上述第三种情形。根据《乡村医生从业管理条例》的规定,乡村医生执业证书有效期为 5 年,期限届满时要依照法定程序申请再注册。国务院办公厅《关于进一步加强乡村医生队伍建设的实施意见》中,要求各地结合实际,建立乡村医生退出机制。很多省份规定,乡村医生年龄超过 60 岁的原则上不予再注册。刘某就属于超过规定的年龄上限而未被批准再注册,市卫健委也没有为其换发乡村医生执业证书。其在未取得乡村医生执业证书的情况下,从事乡村医疗活动,属于非法行医行为,其在被卫生行政部门处罚两次以后,仍再次非法行医,属于情节严重,因此构成了非法行医罪。

知识链接

《中华人民共和国刑法》第三百三十六条 未取得医生执业资格的人非法行医,情节严重的,处三年以下有期徒刑、拘役或者管制,并处或者单处罚金;严重损害就诊人身体健康的,处三年以上十年以下有期徒刑,并处罚金;造成就诊人死亡的,处十年以上有期徒刑,并处罚金。

未取得医生执业资格的人擅自为他人进行节育复通手术、假节育手术、终止妊娠手术或者摘取宫内节育器,情节严重的,处三年以下有期徒刑、拘役或者管制,并处或者单处罚金;严重损害就诊人身体健康的,处三年以上十年

笔记区

以下有期徒刑,并处罚金;造成就诊人死亡的,处十年以上有期徒刑,并处罚金。

纠纷解决技巧

医疗行为关系群众的生命安全和健康权益,国家对从医人员的专业技术要求、从业证书取得与审核、医疗活动的规则和程序等都有明确规定。医疗活动必须依法进行,规范行医既是对群众的生命健康负责,也是对医生合法权利的保护。在普法宣传中,既要提醒群众生病了要找正规医疗机构和有合法从医资质的医生进行治疗,也要提醒乡村医生遵守有关医疗管理方面的法律法规,依法从事医疗活动。

选择题

以下哪种行为不属于非法行医?(　　)①

A. 家庭接生员给村里的产妇接生

B. 没有医师资格证而给他人针灸治疗

C. 乡村医生执业证书到期忘了申请再注册,帮他人注射治疗

D. 被吊销医师执业证书期间给他人输液治疗

① 答案:A。

笔记区

▶ 49. 污染环境的法律后果有多严重?

案例

巫某在村委会租用了一处山坳土地,并挖掘了加工池和储水池,在未采取任何防止渗漏和污染治理措施情况下,通过熔炼、添加化学品浸泡方式提炼金属,任由污染物向周边自然渗排,造成严重的环境污染。后该非法金属提炼加工点被市环保局和市公安局查获和取缔。经环境监测站对现场生产废水和周边地表水采样监测,结果显示场内 4 个加工池、1 个储水池和场地排渠积水中主要污染因子总铜、总锌、总镍均超过该省地方标准,总铜最高超标 16,279 倍,最低超标 25.2 倍;总锌最高超标 859 倍,最低超标 24.1倍;总镍最高超标 924 倍,最低超标 5.34 倍。市环保局与镇政府采取了相应的应急监测和应急处置措施,对现场的废料、废水采取应急转移和无害化处置,并委托专业机构对本次污染事件进行环境损害评估,产生的应急监测费用、应急处置费用、环境损害鉴定评估费用合计 28 万余元。法院判决被告人巫某犯污染环境罪,判处有期徒刑 2 年,并处罚金 3 万元,并赔偿环境污染损害造成的国家损失 28 万余元。

笔记区

法律分析

污染环境罪，是指违反国家规定，排放、倾倒或者处置有放射性的废物、含传染病病原体的废物、有毒物质或者其他有害物质，严重污染环境的行为。自然人或者单位均可构成本罪。“违反国家规定”，主要是指违反《中华人民共和国大气污染防治法》《中华人民共和国固体废物污染环境防治法》《中华人民共和国水污染防治法》《中华人民共和国海洋环境保护法》《中华人民共和国环境保护法》等法律以及国务院颁布的有关实施细则。关于“严重污染环境”的认定，2017 年最高人民检察院和公安部发布的《关于公安机关管辖的刑事案件立案追诉标准的规定(一)的补充规定》中列举了 18 种具体的情形，例如，在饮用水水源一级保护区、自然保护区核心区排放、倾倒、处置有毒物质或有害物质的；非法排放、倾倒、处置危险废物 3 吨以上的；排放、倾倒、处置含重金属的污染物，超过国家或者地方污染物排放标准 3 倍或者 10 倍以上的；违法所得或者致使公私财产损失 30 万元以上的；造成生态环境严重损害的；致使 30 人以上中毒的；2 年内曾因排放、倾倒、处置有毒物质或有害物质的行为受过 2 次以上行政处罚，又实施上述行为的；等等。关于污染环境罪的主观方面，从现行《中华人民共和国刑法》第 338 条的表述并结合相关司法

笔记区

解释的规定来看,故意与过失均可构成本罪。在本案中,巫某违反国家规定,排放含重金属的污染物,超过地方污染物排放标准 10 倍以上,严重污染环境,因而构成污染环境罪。

知识链接

《中华人民共和国刑法》第三百三十八条 违反国家规定,排放、倾倒或者处置有放射性的废物、含传染病病原体的废物、有毒物质或者其他有害物质,严重污染环境的,处三年以下有期徒刑或者拘役,并处或者单处罚金;情节严重的,处三年以上七年以下有期徒刑,并处罚金;有下列情形之一的,处七年以上有期徒刑,并处罚金:

(一)在饮用水水源保护区、自然保护地核心保护区等依法确定的重点保护区域排放、倾倒、处置有放射性的废物、含传染病病原体的废物、有毒物质,情节特别严重的;

(二)向国家确定的重要江河、湖泊水域排放、倾倒、处置有放射性的废物、含传染病病原体的废物、有毒物质,情节特别严重的;

(三)致使大量永久基本农田基本功能丧失或者遭受永久性破坏的;

(四)致使多人重伤、严重疾病,或者致人严重残疾、死亡的。

有前款行为,同时构成其他犯罪的,依照处罚较重的

笔记区

规定定罪处罚。

纠纷解决技巧

大城市因为人口密集、工业排污、交通废气等,污染比较严重。但实际上,农村地区的环境污染问题也不容忽视,并且因监管不及时、不到位,很多污染环境的行为是在造成了很严重后果之后,才被觉察到的。环境污染的后果有的是即时的、显性的,很短时间内就会显现出来,有的是隐性的,要很长时间才能反映出来,再采取措施已为时已晚。大自然有一定的自我修复能力,有的污染经过几年时间大自然可以将其消化掉,但有的污染和破坏则需要几百年才能修复,甚至不可能再修复。人类的生存和延续依赖环境,没有了好的环境,人类的生存将面临危机。因此,无论城市还是农村居民,都有必要增强环境保护的意识,加强环境保护宣传,用长远的眼光看待人与环境的关系,保护绿水青山也是保护金山银山。

选择题

排放、倾倒或者处置以下哪类物质,不会构成污染环境罪?(　　)[1]

A. 剧毒化学品　　B. 含传染病病原体的废物

C. 隔夜的茶水、茶叶渣　　D. 有放射性的废物

---

① 答案:C。

笔记区

▶ 50. 在水库里捕鱼会被判刑?

案例

某县人民政府发布通告决定,自2021年1月1日0时起对被列为国家级水产种质资源保护区的该县水库库区实行常年全面禁渔。2021年4月下旬,王某群、王某家、古某贵使用电捕鱼工具,先后两次前往该县水库五峰电站大坝下游,属于国家级水产种质资源保护区范围的水域电鱼,每次捕获10余斤杂鱼。同年4月29日晚,三人再次使用电鱼工具在该县水库竹筒坝坝下,同样属于国家级水产种质资源保护区范围的水域电鱼时,被执法人员当场查获。县人民法院判决被告人王某群、王某家、古某贵犯非法捕捞水产品罪,三名被告人均被判处有期徒刑6个月,缓刑1年,并共同承担渔业生态修复费用6000元。

法律分析

为了加强对水产资源的保护,我国相关法律对水产资源繁殖、养殖和捕捞等作了具体规定。从事捕捞业的单位和个人,必须按照捕捞许可证关于作业类型、场所、时限和渔具数量的规定进行作业。不得在禁渔区和禁渔期进行捕捞,不得使用禁用的渔具和捕捞方法进行捕捞。违反关

笔记区

于水产资源保护的法规，轻者受到行政处罚，严重的可能构成非法捕捞水产品罪。非法捕捞水产品罪，是指违反保护水产资源法规，在禁渔区、禁渔期或者使用禁用的工具、方法捕捞水产品，情节严重的行为。关于本罪，主要掌握以下几点：其一，违反保护水产资源法规是成立本罪的前提条件。水产资源保护法规包括《中华人民共和国渔业法》《中华人民共和国渔业法实施细则》《水产资源繁殖保护条例》等。其二，本罪对于时间、地点和工具都有特别要求。本罪客观方面的行为包括三种情形：在禁渔区捕捞水产品，或者是在禁渔期捕捞水产品，或者是使用禁用的工具、方法捕捞水产品。禁用工具，是指禁止使用超过国家关于对不同捕捞对象所分别规定的最小网眼尺寸的渔具。禁用的方法，是指禁止使用损害水产资源正常繁殖、生长的方法，如炸鱼、毒鱼、电网捕鱼等。本罪中的水产品，是指天然水域中的水产资源，如果是非法捕捞企业或个人在水产养殖场、鱼塘中饲养繁殖的水产品，不构成本罪，而可能构成盗窃罪或者其他犯罪。其三，非法捕捞水产品情节严重的，才构成本罪。在本案中，三名被告人在禁渔区和禁渔期，使用禁用的方法捕捞水产品，属于情节严重，因而构成非法捕捞水产品罪。

知识链接

《中华人民共和国刑法》第三百四十条　违反保护水

笔记区

产资源法规,在禁渔区、禁渔期或者使用禁用的工具、方法捕捞水产品,情节严重的,处三年以下有期徒刑、拘役、管制或者罚金。

纠纷解决技巧

我国拥有丰富的水产资源,水产资源具有重要的经济价值,也是人们日常生活中重要的食物来源之一。水产资源虽然是可再生的,但通常也需要一定的时间周期才能实现。应宣传为了能够保持水产资源的可持续、稳定发展,必须实行科学的、有计划的、有节制的捕捞作业,让水产资源有休养生息的时间,而不能急功近利地过度捕捞、竭泽而渔。过度捕捞、破坏性捕捞,不仅会破坏水产资源的正常再生和稳定发展,而且最终也必然会损害人类自身的利益。

选择题

以下哪种情况不会构成非法捕捞水产品罪?(　　)①

A. 在禁渔期捕捞水产品,情节严重

B. 在禁渔区捕捞水产品,情节严重

C. 在别人家鱼塘里使用电捕鱼方法捕鱼

D. 在开渔期使用电网捕鱼,情节严重

---

① 答案:C。

笔记区

51. 吃“野味”是犯罪吗？

案例

田某因听说以穿山甲作药引对治疗肝病有效，便四处打听哪里有穿山甲售卖。田某从老乡杨某处得知，王某有穿山甲出售。田某遂联系杨某，让其帮忙采购穿山甲。某日，杨某告诉田某，王某那里有两只“现货”，并让田某自己与王某联系。次日，田某与王某谈妥，两只野生穿山甲的售价为32,000元。得知王某有渠道获取穿山甲后，田某将其介绍给某饭店，由王某宰杀后提供给饭店。之后，田某又陆续在王某处购买了4只穿山甲用作药引。后该饭店被人举报，王某、田某、酒店负责人均被公安机关抓获。

法律分析

野生动物是自然生态系统的重要组成部分，是大自然赋予我们的宝贵资源。很多人不知道吃“野味”也可能构成犯罪。2020年以来，我国进一步加强了对非法野生动物交易以及滥食野生动物的行为的禁止。全国人大常委会《关于全面禁止非法野生动物交易、革除滥食野生动物陋习、切实保障人民群众生命健康安全的决定》第2条第1款规定，全面禁止食用国家保护的“有重要生态、科学、社会价值的陆生野生动物”以及其他陆生野生动物,包括人工繁育、人工饲养的陆生野生动物。根据我国相关法律的规定,禁止以下两类与食用野生动物相关的行为:一是对于国家重点保护的珍贵、濒危野生动物,严禁生产、经营使用其制作的食品,或者为了吃“野味”而非法购买,违者构成危害珍贵、濒危野生动物罪;二是对于非国家重点保护的陆生野生动物,也严禁食用,以食用为目的非法猎捕、收购、运输、出售非国家重点保护的陆生野生动物的,轻者受到行政处罚,情节严重的构成非法猎捕、收购、运输、出售陆生野生动物罪。也就是说,无论吃的“野味”是不是国家重点保护的野生动物及制品,只要吃“野味”就是违法的。我国刑法规定,无论是个人还是单位,非法猎捕、杀害国家重点保护的珍贵、濒危野生动物,或者非法收购、运输、出售国家重点保护的珍贵、濒危野生动物及其制品的,构成危害珍贵、濒危野生动物罪。该罪的成立,行为人在主观上是故意,无论是以牟利、食用为目的,还是以饲养、取乐为目的,都不影响本罪的成立。穿山甲是我国一级保护动物,在本案中,王某为获取利益非法出售穿山甲,田某和某酒店以食用为目的非法收购穿山甲,也构成危害珍贵、濒危野生动物罪。

笔记区

知识链接

《中华人民共和国刑法》第三百四十一条 非法猎捕、杀害国家重点保护的珍贵、濒危野生动物的，或者非法收购、运输、出售国家重点保护的珍贵、濒危野生动物及其制品的，处五年以下有期徒刑或者拘役，并处罚金；情节严重的，处五年以上十年以下有期徒刑，并处罚金；情节特别严重的，处十年以上有期徒刑，并处罚金或者没收财产。

违反狩猎法规，在禁猎区、禁猎期或者使用禁用的工具、方法进行狩猎，破坏野生动物资源，情节严重的，处三年以下有期徒刑、拘役、管制或者罚金。

违反野生动物保护管理法规，以食用为目的非法猎捕、收购、运输、出售第一款规定以外的在野外环境自然生长繁殖的陆生野生动物，情节严重的，依照前款的规定处罚。

全国人大常委会《关于〈中华人民共和国刑法〉第三百四十一条、第三百一十二条的解释》 知道或者应当知道是国家重点保护的珍贵、濒危野生动物及其制品，为食用或者其他目的而非法购买的，属于刑法第三百四十一条第一款规定的非法收购国家重点保护的珍贵、濒危野生动物及其制品的行为。

纠纷解决技巧

近些年,很多人热衷吃“野味”。一是虚荣心作祟,“野味”的价格昂贵,可以作为谈资、拿来炫耀、彰显自己的财力;二是为了寻求刺激,好奇心作祟,想吃点不一样的东西,“野味”就成为他们的目标;三是认为“野味”的营养价值高,可以入药治病。而事实上,野生动物并没有什么特殊的食用价值,不仅如此,还有可能携带大量的细菌和病毒,没有通过卫生检疫,食用野生动物可能会有害身体健康。要向民众加强宣传,贪吃“野味”不仅容易感染病毒,还会涉嫌违法犯罪。

选择题

因为想吃“野味”,张某某在网上买了 20 多个捕猎装置,散布在附近的山上。某日,张某某接收到猎捕成功的信号,上山后发现一头约 90 斤的野猪落网。张某某构成(　　)①。

A. 无罪

B. 危害珍贵、濒危野生动物罪

C. 非法猎捕陆生野生动物罪

D. 以危险方法危害公共安全罪

---

① 答案:C。

笔记区

▶ 52. 盗墓要判多少年?

案例

张某听说当地某座山上有几座古代墓葬,于是去找密友王某和刘某商议,三人都心生贪念,想要大干一笔。某日,三人按计划携带事先在网上所购买的撬棍、铁锤等犯罪工具,趁着夜色来到山中寻找古墓葬,先后以撬挖、敲砸、土工掘洞等方式对该墓葬实施盗掘,三人将该墓葬内石棺撬开,将石棺内的尸骨和泥土掏出,结果发现该墓葬内没什么有价值的陪葬物,于是离开了现场。经专家鉴定,被盗掘墓葬为清代中期墓葬,属于古墓葬,对研究该地区清代历史文化和丧葬习俗有参考作用,具有较高的文物价值,三人粗暴地破坏石室墓石壁,并破坏墓葬中的文化堆积和遗存,严重破坏了该墓葬的完整性,损害了古墓葬的历史价值。法院经审理,判决三名被告人犯盗掘古墓葬罪,判处张某有期徒刑 3 年,王某有期徒刑 2 年零 6 个月,刘某有期徒刑 2 年零 6 个月,分别并处罚金 1 万元。

法律分析

盗墓文化猖獗的背后有一个巨大的“文化市场”作为支撑。有一些人在经济利益的驱使下,铤而走险盗掘古墓葬。盗墓行为从道德上来说,是对墓葬主人的不尊重,也是对墓葬主人后代情感的伤害;从文化上说,盗墓是对文化遗产的破坏,会导致国家文物的流失,影响对传统文化的研究;从个人身体角度来说,千百年的墓穴中,有霉菌、对人体有害的化学物质等,对人的身体健康可能造成不利影响,有的墓穴为了防止盗墓,设置了各种各样的机关,轻者受伤,重者送命;从法律角度来说,盗掘具有历史、艺术、科学价值的古文化遗址、古墓葬的,构成盗掘古文化遗址、古墓葬罪。盗掘,是指在没有经过国家文化主管部门批准而私自进行挖掘的行为。本罪在主观上是故意,即行为人明知是古文化遗址、古墓葬而进行盗掘。行为人只要实施了盗掘行为,即便没有造成严重损害后果,也构成本罪。如果有以下几种情节的,要加重处罚:(1)盗掘的是确定为国家或省级文物保护单位的古文化遗址和古墓葬的;(2)是盗墓集团的首要分子的;(3)多次盗墓的;(4)盗窃珍贵文物或使珍贵文物遭到严重破坏的。在本案中,张某、王某、刘某三人盗掘古墓葬虽然没有拿到有价值的东西,但其行为已经构成盗掘古墓葬罪。

知识链接

《中华人民共和国刑法》第三百二十八条 盗掘具有历史、艺术、科学价值的古文化遗址、古墓葬的,处三年以

笔记区

上十年以下有期徒刑,并处罚金;情节较轻的,处三年以下有期徒刑、拘役或者管制,并处罚金;有下列情形之一的,处十年以上有期徒刑或者无期徒刑,并处罚金或者没收财产:

(一)盗掘确定为全国重点文物保护单位和省级文物保护单位的古文化遗址、古墓葬的;

(二)盗掘古文化遗址、古墓葬集团的首要分子;

(三)多次盗掘古文化遗址、古墓葬的;

(四)盗掘古文化遗址、古墓葬,并盗窃珍贵文物或者造成珍贵文物严重破坏的。

盗掘国家保护的具有科学价值的古人类化石和古脊椎动物化石的,依照前款的规定处罚。

纠纷解决技巧

我们应该尊重历史、敬畏历史。古文化遗址、古墓葬都是人类文化的印记,对历史和文化研究具有巨大价值。我国向来严厉打击盗掘古文化遗址、古墓葬的行为。保护和传承传统文化是全社会的责任,保护文物也是每个公民的责任和义务。文物作为一种不可再生的文化资源,一旦损坏就再也无法复原了。《中华人民共和国文物保护法》第 4 条规定,“文物工作贯彻保护为主、抢救第一、合理利用、加强保护的方针”,这是文物保护工作的基本原则。我

笔记区

国已经开启重点文物保护抢救工程,在抢救和保护的同时,加强管理,合理开发利用。文物管理部门要加强对古文化遗址、古墓葬的保护力度,建立健全保护管理制度,加大对人、物、财力的投入,建立“预防—警示—打击”联动机制;作为公民个人,如果在生产生活中发现古文化遗址、古墓葬,要及时保护起来并报告当地的文物管理部门。

选择题

甲盗掘国家重点保护的古墓葬,将石棺内的尸骨和陪葬品取出,窃取大量珍贵文物。甲构成(　　)①。

A. 盗掘古文化遗址、古墓葬罪

B. 盗窃罪

C. 故意损毁文物罪

D. 盗掘古人类化石、古脊椎动物化石罪

---

① 答案:A。

笔记区

53. 占用耕地盖房子，会被定罪判刑吗？

案例

王某租用了某村28亩农用地。王某想在此农用地上建房，通过胡某介绍找到某建筑公司的丁某，双方口头协议由丁某垫资在租来的农用地上建房，建房手续由王某申办。随后，王某未经任何部门批准，擅自将租用农用地部分填平，并先后付给丁某建房费200万元，要求丁某在租用农用地上建房。至案发时，王某在租来的农用地上非法建设3幢连体住宅楼。经土地管理部门及土地测绘工程公司认定和测量鉴定：王某非法建房占用土地性质为永久基本农田，总面积为7225.45平方米，计10.838亩，且王某建房已硬化了土地，种植条件遭到破坏。法院经审理后认为，王某违反土地管理法规，非法占用农用地，改变被占用土地用途，数量较大，且造成农用地大量毁坏，其行为已构成非法占用农用地罪，判处其拘役6个月，并处罚金20万元。

法律分析

我国按照土地用途，把土地分为了农用地、建设用地和未利用地三种。使用土地的单位和个人必须严格按照土地规划确定的用途使用土地。我国对农用耕地实行特

笔记区

殊保护，设立了耕地红线。耕地红线是国家为确保农业生产所需土地而划定的最低保障线，我国划定的红线是18亿亩。我国坚持实行严格的耕地保护制度，耕地红线土地只能从事与农业相关的耕作和生产，坚决制止耕地“非农化”。耕地红线不仅是一个数字，它与我国的粮食安全保障紧密相连。我国刑法规定，违反土地管理法规，非法占用农用地，改变土地用途，数量较大，造成农用地大量损坏的，构成非法占用农用地罪，应依法追究刑事责任。根据最高人民法院2000年发布的《关于审理破坏土地资源刑事案件具体应用法律若干问题的解释》，“数量较大”，是指非法占用基本农田5亩以上，或者非法占用基本农田以外的耕地10亩以上。“造成农用地大量损坏”，是指严重毁坏基本农田的种植条件5亩以上或者基本农田以外的耕地10亩以上。在本案中，王某为了获取个人利益，违反土地管理法规，未经有关部门批准同意，在租来的农用地上擅自建设住宅楼，达到数量较大的标准，使农用地的种植条件遭到破坏，构成非法占用农用地罪。

知识链接

《中华人民共和国刑法》第三百四十二条 违反土地管理法规，非法占用耕地、林地等农用地，改变被占用土地用途，数量较大，造成耕地、林地等农用地大量毁坏的，处

笔记区

五年以下有期徒刑或者拘役,并处或者单处罚金。

纠纷解决技巧

我国作为人口大国,粮食是民生之本,土地是粮食之基,而土地中最重要的问题就是耕地。我国耕地资源短缺,而有限的耕地资源还在不断减少。有人为了获取眼前利益,乱占耕地作为建设用地。房子越盖越多,耕地越来越少。在商业项目建设中要有长远眼光,不能以永久牺牲耕地面积为代价来换取一时的经济增长。要坚守耕地红线,树立保护耕地的意识。农村地区的群众要对农用地的重要性和国家粮食安全的重要性有清楚认识,不要为一时的利益驱使而擅自改变农用地用途,否则便会触犯刑法,并受到刑罚处罚。如果土地用途确实需要作出调整或改变的,必须按照严格的审批程序进行。

选择题

以下构成非法占用农用地罪的是(　　)①。

A. 非法占用并毁坏防护林地 3 亩

B. 非法占用并毁坏特种用途林地 3 亩

C. 非法占用并毁坏基本农田 6 亩

D. 非法占用并毁坏基本农田以外的耕地 8 亩

---

① 答案:C。

笔记区

▶ 54. 可以随便砍自己种的树吗?

案例

老赵承包了村子后山的大片土地,买了上千棵树苗,种在后山的山坡上。2021 年 4 月,老赵种的树基本都长成了参天大树。刚好当地某工厂缺少木料,需要购买大量木材,老赵听到消息后决定砍掉一些树拿去卖钱。老赵找来了村里年轻力壮的几个村民,用一个星期左右的时间砍了 600 棵树。老赵联系了工厂,将这 600 棵树卖掉,赚了 2.6 万元钱。为了表示感谢,他特意拿出几千元钱酬谢帮忙砍树的村民。但老赵万万没想到,没过几天,警察就上门找他,说他涉嫌犯罪了。法院经审理认为,老赵的行为已构成滥伐林木罪,但鉴于其认罪态度良好,判处其拘役 6 个月,缓刑 6 个月,并处罚金 1 万元。

法律分析

林业资源是重要的自然资源,不仅能够为生产和生活提供多种原材料,还能够调节气候、保持水土、净化空气,对改善人类生存环境具有十分重要的价值。我国制定了系统的法律法规,对林业资源予以保护。未经有关部门批准,不得随意砍伐树木。《中华人民共和国森林法》第 56

笔记区

条第1款和第2款规定,“采伐林地上的林木应当申请采伐许可证,并按照采伐许可证的规定进行采伐;采伐自然保护区以外的竹林,不需要申请采伐许可证,但应当符合林木采伐技术规程。农村居民采伐自留地和房前屋后个人所有的零星林木,不需要申请采伐许可证”。据此规定,如果只是砍自留地和自家房前屋后个人所有的零星树木,是可以在没有采伐许可证的情况下砍树的(如果砍伐的是珍贵树木或者国家重点保护的古树名木,也是不允许的,可能构成危害国家重点保护植物罪);但如果需要大批量采伐,就必须通过林业行政部门审批并获得采伐许可证,如果没有采伐许可证,采伐的树木数量又比较多,便可能触犯刑法,即便采伐的是自己所有的林木,达到10立方米或幼树500株以上,也会涉嫌构成滥伐林木罪。本罪在主观上是故意,并不要求具有特定目的。在本案中,老赵在未取得采伐许可证的前提下,故意砍伐树木600棵,达到数量较大的标准,构成滥伐林木罪。值得注意的是,城市树木的管理保护更严格,《城市绿化条例》第20条第2款规定:“砍伐城市树木,必须经城市人民政府城市绿化行政主管部门批准,并按照国家有关规定补植树木或者采取其他补救措施。”未经批准,擅自修剪或者砍伐城市树木也是违法的,哪怕是自家房前屋后的零星树木也不例外。

笔记区

知识链接

《中华人民共和国刑法》第三百四十五条第二款 违反森林法的规定,滥伐森林或者其他林木,数量较大的,处三年以下有期徒刑、拘役或者管制,并处或者单处罚金;数量巨大的,处三年以上七年以下有期徒刑,并处罚金。

纠纷解决技巧

很多人对砍树存在一定的认知误区,认为自己种的树、自家院里的树都可以随便砍。要知道,并不是自家自留地或者自留山上种植生长的树木就是自己的私有财产,这些也是属于国家森林资源的一部分,砍伐大量的树木会破坏森林资源和生态环境。我国法律在禁止滥砍滥伐的同时,也作了区别化的、人性化的规定,就农村地区来说,如果是修剪、砍伐自家院子里、房屋周围的一两棵树(不属于珍贵树木或者国家重点保护的古树名木),则无须申请采伐许可证,也不存在涉嫌犯罪的可能;但如果是自己承包的大片山林、树林,想要修剪、砍伐,就必须提前办理采伐许可证;如果是国家重点保护的树种,则需要到省级林业部门办理珍贵树木采伐许可证,并按照批复进行采伐。种树增绿化,砍伐须依法。

笔记区

选择题

在以下情形中,构成滥伐林木罪的是(　　)[①]。

A. 甲趁邻居外出,偷偷砍伐邻居责任田里的10棵树

B. 乙将院子里遮挡窗户的几根树枝修剪掉

C. 丙未申请采伐许可证,将自家自留地里的500棵树砍掉,卖给木材厂

D. 丁未申请采伐许可证,将自家屋后一棵800年的古树砍掉

---

① 答案:C。

笔记区

▶ 55. 在自家地里种植罂粟违法吗?

案例

杨某几年前偶然在市场遇到同村村民樊某(已死亡),从樊某处得知罂粟果可以让牲畜止泻,杨某便向其讨要了种子,在自家院子里种了几十株,预备留给家里的猪拉肚子时吃。2021年春节过后,杨某在家清理东西时看到了用剩下的罂粟种子,便洒在自家玉米地,想着家畜生病时可以用到。后公安机关接到群众举报,杨某主动至现场表明罂粟系其种植的。经民警现场清点,杨某种植的罂粟共计1565株。经物证鉴定所鉴定,上述罂粟植物中检出了罂粟碱成分。法院审理后认为,被告人杨某违反国家对毒品原植物的管制制度,非法种植毒品原植物罂粟500株以上,其行为已构成非法种植毒品原植物罪,依法应追究其刑事责任。

法律分析

罂粟是制造鸦片的主要原料,一旦染上毒品,后果不堪设想,被毒品毁掉人生的例子数不胜数,长期食用罂粟不仅会对人体的神经系统造成损害,还有可能造成慢性中毒。大量进食后,还会因呼吸困难而送命。所以,我国对

笔记区

罂粟的种植严加控制，除药用和科研外，一律禁植。个人种植罂粟无论出于什么用途，无论数量多少都会涉嫌违法，甚至犯罪。根据法律规定，构成非法种植毒品原植物罪的行为主要包括以下几种：(1)明知道是制造毒品的原植物而非法种植，种植数量较大的；(2)在公安机关给予治安处罚或强制铲除后，又非法种植毒品原植物的；(3)使用暴力或者采取强制手段阻碍主管机关铲除毒品原植物的。过失不会构成本罪，种植目的无论是为了营利还是个人使用，都不影响本罪的构成。根据《中华人民共和国刑法》第351条和2016年最高人民法院《关于审理毒品犯罪案件适用法律若干问题的解释》的规定，种植毒品原植物数量较大，是指种植罂粟500株以上，或者种植大麻5000株以上，或者种植罂粟200平方米以上、大麻2000平方米以上或者其他毒品原植物面积较大，尚未出苗的。在本案中，杨某私自种植罂粟达1565株，已然构成犯罪。如果非法种植罂粟或其他毒品原植物，在收获前自动铲除的，可以免除处罚。

知识链接

《中华人民共和国刑法》第三百五十一条　非法种植罂粟、大麻等毒品原植物的，一律强制铲除。有下列情形之一的，处五年以下有期徒刑、拘役或者管制，并处罚金：

(一)种植罂粟五百株以上不满三千株或者其他毒品原植物数量较大的;

(二)经公安机关处理后又种植的;

(三)抗拒铲除的。

非法种植罂粟三千株以上或者其他毒品原植物数量大的,处五年以上有期徒刑,并处罚金或者没收财产。

非法种植罂粟或者其他毒品原植物,在收获前自动铲除的,可以免除处罚。

纠纷解决技巧

近些年,随着宣传的深入,广大群众已经认识到了种植罂粟是违法行为,但是仍有一些人存在侥幸心理,偷偷种植,并且种植得越来越隐蔽,不易被发现。种植毒品原植物的行为不仅违反了国家的法律规定,而且容易造成毒品泛滥,具有社会危害性。对于普通民众来说,要深刻认识毒品的危害,提高识别毒品原植物的意识和能力,增强与毒品犯罪行为作斗争的自觉性,积极参与禁毒斗争。构建无毒社会,从我做起,增强禁毒的法律意识,提高抵御毒品的能力,拒绝非法种植、买卖或者食用毒品原植物,远离毒品,劝告、提醒自己周围的人,种植罂粟等毒品原植物是非法行为。

笔记区

选择题

张某在自家院子里种植了几株罂粟,后被邻居发现后举报,公安机关责令张某铲除罂粟,后张某又悄悄种植了罂粟。张某的行为构成(　　)①。

A. 非法持有毒品罪

B. 无罪

C. 非法种植毒品原植物罪

D. 制造毒品罪

---

① 答案:C。

笔记区

▶ 56. 村委会干部私吞土地征用补偿款,构成什么犯罪?

案例

甲、乙、丙、丁、戊分别是A村村委会主任、村委会委员兼出纳员、会计、党支部书记、副主任。2005年因修筑高速公路,A村部分土地被征用。在征用土地过程中,A村村委会未将本村所获取的青苗补偿款19,592元入账,也未将2007年追加的水浇地补偿款73,602元入账。2007年6月,因A村与B村合并,时任村会计的丙向时任村主任的甲请示:未入账的9万余元和账内所余10万余元如何处理?甲提出将这笔钱分了,其他四人均表示同意。五人将上述款项均分,每人得款39,500元。案发后,五人各自向检察院退赃39,500元。一审法院判决五名被告人构成贪污罪并分别判处了相应的有期徒刑。一审宣判后,甲、乙不服,提起上诉。二审法院判决五名被告人构成职务侵占罪,对甲、乙的刑罚予以了相应改判。

法律分析

关于村委会等村基层组织人员利用职务便利非法占有土地征用补偿款的行为如何认定,要考虑以下两个问

笔记区

题:一是村委会干部是否为“国家工作人员”?二是村委会干部私分的款项是否属于公款?这是区分贪污罪和职务侵占罪的两个要点。根据全国人大常委会《关于〈中华人民共和国刑法〉第九十三条第二款的解释》的规定,村委会等村基层组织人员在协助人民政府从事行政管理工作时,属于《中华人民共和国刑法》第93条第2款规定的,“其他依照法律从事公务的人员,以国家工作人员论”。该解释列举了7种情形,其中之一是“土地征收、征用补偿费用的管理”。土地征收、征用补偿包括诸多环节,村委会干部在协助政府核准、测算以及向土地被征用方发放补偿费用这些环节的工作,应当认为其是在协助人民政府从事土地征收、征用补偿费用的管理工作,从而应“以国家工作人员论”。如果在这些环节过程中村委会干部私吞土地征用补偿款,其行为应当认定为贪污罪。但是,一旦土地征用补偿款发放到位,在发放完给村民个人的补偿款以后,村干部协助政府管理土地征用补偿费用的公务也就相应结束了;属于村集体的土地征用补偿款留存在村委会账户,就成为村集体财产,之后对该款项的处理属于村自治范围内的管理活动。此时,村委会成员利用职务之便将这些补偿款私吞的,其行为属于《中华人民共和国刑法》第271条规定的“利用职务上的便利,将本单位财物非法占为己有”,构成职务侵占罪。在本案中,村委会账户中从乡镇政府领取的属于村集体的补偿费，属于村民集体财产，此时村委会对该款项的处置属于村自治范围的事项，不具有协助人民政府从事行政管理工作的属性。因此，五名被告人利用职务上的便利，将集体财产非法占为己有，数额较大，其行为构成职务侵占罪。

笔记区

知识链接

《中华人民共和国刑法》

第九十三条　本法所称国家工作人员，是指国家机关中从事公务的人员。

国有公司、企业、事业单位、人民团体中从事公务的人员和国家机关、国有公司、企业、事业单位委派到非国有公司、企业、事业单位、社会团体从事公务的人员，以及其他依照法律从事公务的人员，以国家工作人员论。

第二百七十一条　公司、企业或者其他单位的工作人员，利用职务上的便利，将本单位财物非法占为己有，数额较大的，处三年以下有期徒刑或者拘役，并处罚金；数额巨大的，处三年以上十年以下有期徒刑，并处罚金；数额特别巨大的，处十年以上有期徒刑或者无期徒刑，并处罚金。

国有公司、企业或者其他国有单位中从事公务的人员和国有公司、企业或者其他国有单位委派到非国有公

笔记区

司、企业以及其他单位从事公务的人员有前款行为的，依照本法第三百八十二条、第三百八十三条的规定定罪处罚。

第三百八十二条 国家工作人员利用职务上的便利，侵吞、窃取、骗取或者以其他手段非法占有公共财物的，是贪污罪。

受国家机关、国有公司、企业、事业单位、人民团体委托管理、经营国有财产的人员，利用职务上的便利，侵吞、窃取、骗取或者以其他手段非法占有国有财物的，以贪污论。

与前两款所列人员勾结，伙同贪污的，以共犯论处。

纠纷解决技巧

挪用、私分、截留、拖欠土地补偿款、拆迁补偿费的行为不仅严重损害被征收人、被拆迁人的合法利益，也严重影响了国家征收补偿工作的进度。村干部作为村民选举出来管理本村公共事项的人，理应服务于民、廉洁自律，无论是应当发放给村民的补偿费，还是属于村集体的补偿款，都不能擅自截留、挪用、私分，否则会为自己的行为付出沉重代价。

56. 村委会干部私吞土地征用补偿款，构成什么犯罪？

选择题

笔记区

下列说法中正确的是(　　)[①]。

A. 村委会干部属于国家工作人员

B. 村委会干部不属于国家工作人员

C. 村委会干部在管理本村公共事项时，以国家工作人员论

D. 村委会干部在协助政府从事扶贫救灾款物管理、土地征用补偿费用管理等行政管理工作时，以国家工作人员论

① 答案：D。

笔记区

▶ 57. 犯罪行为造成损失，找谁赔偿？

案例

2019年2～4月，吉某伙同他人先后分3次在某公司房顶上方挖洞，进入该公司内进行盗窃，其于最后一次盗窃时被当场抓获。后经鉴定，吉某3次盗窃该公司物品总价值为27,271元。检察机关提起公诉后，被盗公司提起了附带民事诉讼。当地人民法院于2019年7月20日作出判决：被告人吉某犯盗窃罪，判处有期徒刑3年，处罚金5000元；认定被告所盗财物既遂价值为14,910元，对此被告应赔偿原告；被告人盗窃时破坏原告某公司房顶修复费用共计3000元，该部分费用属于被告人在盗窃时毁坏的财物，被告人吉某对此应承担赔偿责任。

法律分析

根据我国刑法与刑事诉讼法的规定，由于犯罪行为而使被害人遭受经济损失的，被害人有权提起附带民事诉讼，要求犯罪人赔偿损失。被害人死亡或者丧失行为能力的，被害人的法定代理人、近亲属有权提起附带民事诉讼。根据相关司法解释的说明，刑事附带民事诉讼适用于两种情况：一是因人身权利受到犯罪侵犯而遭受物质损失，如

笔记区

因交通肇事罪导致的医疗费、误工费等；二是财物被犯罪分子毁坏而遭受物质损失。对于非财物损坏犯罪案件，被害人不能提起刑事附带民事诉讼，只能要求法院对赃物予以追缴或者责令犯罪分子退赔，在经过追缴或退赔后仍不能弥补损失的，被害人可以向法院提起民事诉讼。在本案中，被盗公司房顶被破坏是因被告人的行为而遭受的物质损失，因此被害人可以提起刑事附带民事诉讼，要求被告人予以赔偿。但是，被害人的财物被盗未能追回的部分不属于"财物被犯罪分子毁坏而遭受物质损失"，故不能提起刑事附带民事诉讼，但被害人可以向法院民事审判庭另行提起民事诉讼。值得注意的是，由于刑法与刑事诉讼法都将刑事附带民事诉讼的范围限定在经济（物质）损失，2021年最高人民法院《关于适用〈中华人民共和国刑事诉讼法〉的解释》第175条第2款也明确指出，"因受到犯罪侵犯，提起附带民事诉讼或者单独提起民事诉讼要求赔偿精神损失的，人民法院一般不予受理"。因此，在目前实践中刑事附带民事诉讼基本上限于对物质损失（经济损失）予以赔偿。但也有例外，在极少数案件中，受害人提起刑事附带民事诉讼要求精神损害赔偿的，得到了法院支持。例如，上海市某中级人民法院就在对某起强奸未成年人的刑事案件判决中支持了被害人提出的精神损害赔偿请求。

笔记区

知识链接

《中华人民共和国刑法》第三十六条 由于犯罪行为而使被害人遭受经济损失的，对犯罪分子除依法给予刑事处罚外，并应根据情况判处赔偿经济损失。

承担民事赔偿责任的犯罪分子，同时被判处罚金，其财产不足以全部支付的，或者被判处没收财产的，应当先承担对被害人的民事赔偿责任。

《中华人民共和国刑事诉讼法》第一百零一条 被害人由于被告人的犯罪行为而遭受物质损失的，在刑事诉讼过程中，有权提起附带民事诉讼。被害人死亡或者丧失行为能力的，被害人的法定代理人、近亲属有权提起附带民事诉讼。

如果是国家财产、集体财产遭受损失的，人民检察院在提起公诉的时候，可以提起附带民事诉讼。

纠纷解决技巧

一方面，刑事附带民事诉讼有利于维护被害人的经济利益，被害人通过附带民事诉讼程序，可以使其因犯罪而遭受的物质损失得到赔偿；另一方面，附带民事诉讼制度有利于打击和制裁犯罪活动，给他人造成物质损失的犯罪人不仅要承担刑事责任，而且要承担民事赔偿责任，这对于制裁、教育和改造犯罪人具有重要意义。附带民事诉讼在整个刑事诉讼过程中都可以提起，在刑事诉讼过程中一并解决民事赔偿问题，既有效率，也可以减少当事人重复出庭、重复举证的麻烦。如果刑事案件已审结，被害人也可以单独提起民事诉讼。

笔记区

选择题

对以下哪种情形不能提起附带民事诉讼？(　　)[①]

A. 故意伤害罪导致的治疗费、丧葬费

B. 诈骗造成的财物损失

C. 交通肇事罪导致的误工费、医疗费

D. 故意毁坏财物罪造成的财产损失

① 答案：B。

笔记区

▶ 58. 犯罪对以后找工作有什么影响?

案例

2015年10月至2016年12月,邹某为16岁高中生王某补课。补课期间,邹某多次趁无人之机,强行亲吻、抚摸王某,并强行与王某发生性关系。王某曾多次向父母提出不想继续补课,父母却认为这是王某逃避学习的借口,始终未同意王某的要求。2016年12月28日,王某偷偷用手机录下邹某猥亵自己的过程。2017年1月,经王某父亲报警,邹某被抓获归案。法院判决邹某犯强奸罪和强制猥亵罪,判处有期徒刑12年零6个月,剥夺政治权利2年,并禁止被告人邹某从事与未成年人相关的教育工作5年。

法律分析

因犯罪受过刑罚处罚,这在刑法上被称为有"前科"。"前科"对于犯罪人以后的工作、生活会产生很大的影响。刑法中规定了从业禁止制度,因利用职业便利实施犯罪,或者因实施违背职业要求的特定义务的犯罪被判处刑罚的,人民法院可以根据犯罪情况和预防再犯罪的需要,禁止犯罪人自刑罚执行完毕之日或者假释之日起一定期限内从事相关职业。在本案中,邹某利用其教师职业的便利

笔记区

对未成年学生实施性侵犯罪，法官在对其判处刑罚之外，还作出了从业禁止的决定，这意味着，自其刑罚执行完毕之日或者假释之日起 5 年内都不得从事与未成年人相关的教育工作。除刑法外，其他法律、行政法规对有“前科”的人从事相关职业也有一些禁止或者限制性规定。例如，根据《中华人民共和国公务员法》第 26 条的规定，曾因犯罪受过刑事处罚的，不得录用为公务员。《中华人民共和国人民警察法》《中华人民共和国检察官法》《中华人民共和国法官法》《中华人民共和国律师法》等也有类似规定。《中华人民共和国公司法》《中华人民共和国证券法》《中华人民共和国保险法》等中也有类似的限制性规定。此外，刑法还规定了“前科”报告义务，即依法受过刑事处罚的人，在入伍、就业时，必须要如实报告自己的“前科”；出于对未成年人的特殊保护，犯罪时不满 18 周岁被判处 5 年有期徒刑以下刑罚的人，在入伍、就业时免除“前科”报告义务。

知识链接

《中华人民共和国刑法》第三十七条之一　因利用职业便利实施犯罪，或者实施违背职业要求的特定义务的犯罪被判处刑罚的，人民法院可以根据犯罪情况和预防再犯罪的需要，禁止其自刑罚执行完毕之日或者假释之日起从

笔记区

事相关职业，期限为三年至五年。

被禁止从事相关职业的人违反人民法院依照前款规定作出的决定的，由公安机关依法给予处罚；情节严重的，依照本法第三百一十三条的规定定罪处罚。

其他法律、行政法规对其从事相关职业另有禁止或者限制性规定的，从其规定。

第一百条 依法受过刑事处罚的人，在入伍、就业的时候，应当如实向有关单位报告自己曾受过刑事处罚，不得隐瞒。

犯罪的时候不满十八周岁被判处五年有期徒刑以下刑罚的人，免除前款规定的报告义务。

纠纷解决技巧

对每个人来说，走过的路、经历过的事情都在塑造着我们，也决定我们今后的路。在现实生活中，犯罪“前科”对于个人生活的影响广泛而深远，就好像一个标签贴在背上，难以去除，有时候甚至还会影响子女的发展。“前科”对今后人生会产生什么样的影响，这或许是很多人在犯罪之前和犯罪之时没有想到的，等领悟时，已为时已晚。如果人们可以多了解“前科”及其对今后人生的不利影响，在冲动行为时多想一想“以后怎么办”，或许人生会少了很多后悔和遗憾。

笔记区

选择题

以下说法中,错误的一项是(　　)[①]。

A. "前科"对于犯罪人以后的就业不会产生任何影响

B. 实施证券犯罪的人,可能会被禁止在一段期限内从事与证券相关的职业

C. 因犯罪受过刑事处罚的人,在入伍、就业时,应当如实向单位报告

D. 犯罪时未成年且被判处 5 年有期徒刑的人,在入伍、就业时,不必向单位报告自己曾受过刑事处罚

① 答案:A。

笔记区

59. 被错判的案子“平反”了，找谁赔偿？

案例

1994年4月11日，某村水库发现一具无名女尸。经过当地公安机关排查，认为死者为佘某某妻子张某某，佘某某有故意杀人嫌疑。后某县人民法院以故意杀人罪判处佘某某有期徒刑15年，剥夺政治权利5年。佘某某上诉后，某市中级人民法院裁定驳回上诉，维持原判。之后，佘某某入监服刑。2005年3月，“死亡”11年的张某某回到家中。2005年4月，某县人民法院再审此案，重新作出刑事判决，宣告佘某某无罪。2005年5月，佘某某以再审无罪赔偿为由向某市中级人民法院提出国家赔偿申请。某市中级人民法院依法支付佘某某限制人身自由赔偿金255,894.47元；赔偿佘某某家人支付的无名女尸安葬费1100元。

法律分析

刑事司法涉及公民最重要的权利的剥夺或者限制，拘留、逮捕、徒刑是对人身自由的剥夺，罚金、没收财产是对财产权的剥夺，死刑则是对生命权的剥夺。一旦无辜者被错拘、错捕、错判，对相关当事人的生活会造成严重损失和

笔记区

极为不利的影响，有些损失甚至是无法恢复的。为了对错案的无辜者予以补偿和抚慰，同时也为了督促国家机关慎重行使公权力，国家赔偿制度应运而生。《中华人民共和国国家赔偿法》中有专门一章对刑事赔偿的范围、赔偿请求人和赔偿义务机关以及赔偿程序等作了明确规定。对于行使侦查、检察、审判职权的机关以及看守所、监狱管理机关及其工作人员在行使职权时有侵犯人身权和财产权的情形，受害的公民、法人和其他组织有权要求赔偿；受害的公民死亡的，其继承人和其他有扶养关系的亲属有权要求赔偿；受害的法人或者其他组织终止的，其权利承受人有权要求赔偿。赔偿请求人向赔偿义务机关提出赔偿要求。行使职权时侵犯公民、法人和其他组织的合法权益造成损害的机关就是赔偿义务机关。比如，错误拘留的，作出拘留决定的机关为赔偿义务机关；错误逮捕的，作出逮捕决定的机关为赔偿义务机关；再审改判无罪的，作出原生效判决的人民法院为赔偿义务机关，二审改判无罪以及二审发回重审后作无罪处理的，作出一审有罪判决的人民法院为赔偿义务机关。在本案中，佘某某案经过了一审、二审，二审判决为原生效判决；佘某某经再审改判无罪，作出原生效判决的人民法院为二审法院，即其应为赔偿义务机关。

笔记区

知识链接

《中华人民共和国国家赔偿法》第二十一条 行使侦查、检察、审判职权的机关以及看守所、监狱管理机关及其工作人员在行使职权时侵犯公民、法人和其他组织的合法权益造成损害的，该机关为赔偿义务机关。

对公民采取拘留措施，依照本法的规定应当给予国家赔偿的，作出拘留决定的机关为赔偿义务机关。

对公民采取逮捕措施后决定撤销案件、不起诉或者判决宣告无罪的，作出逮捕决定的机关为赔偿义务机关。

再审改判无罪的，作出原生效判决的人民法院为赔偿义务机关。二审改判无罪，以及二审发回重审后作无罪处理的，作出一审有罪判决的人民法院为赔偿义务机关。

纠纷解决技巧

刑事错案对无辜的当事人来说，往往是天降横祸，人生由此发生了急剧变化。对于普通人来说，如果不幸遭遇被错判，能够做的就是坚持申诉，不要轻易放弃，很多人坚持申诉多年后等来了再审改判。对错案受害者来说，获得国家赔偿是其应有权利，当事人要主动了解国家赔偿的有关规定和程序，向赔偿义务机关提出赔偿要求，必要时可寻求专业人士的帮助。

选择题

笔记区

以下哪种情况国家不承担赔偿责任？（　　）①

A. 违反刑事诉讼法的规定对公民采取拘留措施的

B. 对公民采取逮捕措施后，决定撤销案件、不起诉或者判决宣告无罪终止追究刑事责任的

C. 因公民自己故意作虚伪供述，或者伪造其他有罪证据被羁押或者被判处刑罚的

D. 依照审判监督程序再审改判无罪，原判刑罚已经执行的

① 答案：C。

笔记区

60.“警察”打电话说我涉嫌违法犯罪，我该怎么办？

案例

某日上午，小沈接到了一个电话，对方自称是某市公安局民警，说小沈涉嫌参与了一起金额280万元的洗钱诈骗案件，要对她作一些调查，请她配合，否则下午5时前就要到镇上抓捕她。小沈听了又害怕又疑惑，于是按照对方的要求加了QQ好友，在QQ视频中，小沈看到一位身穿警服的“警察”。这位“警察”向小沈展示了其“警官证”以及带有小沈真实身份信息的某市公安局开具的“协查通知”。小沈不再怀疑，在这位“警察”的要求和指引下，将自己银行卡和支付宝账户中共计9000多元全都转到了所谓的“安全账户”。第二天小沈经朋友提醒才反应过来可能是遭遇了诈骗，于是赶紧报警。

法律分析

近年来，电信网络诈骗活动持续高发，此类犯罪严重侵害了人民群众财产安全和其他合法权益，严重干扰了电信网络秩序，严重破坏了社会诚信，严重影响了人民群众安全感和社会和谐稳定，社会危害性很大。电信网络诈骗犯罪是近年来我国刑事司法的打击重点之一。在电信网络诈骗中，犯罪人采用的诈骗手段五花八门，编造各种说辞，但本质上都是虚构事实、隐瞒真相，骗取当事人的财物。实施电信网络诈骗活动，诈骗公私财物达到数额较大（3000元以上）的，构成诈骗罪。犯罪分子在实施电信网络诈骗活动中，还可能同时触犯其他罪名。比如，向他人出售或者提供公民个人信息或者非法获取公民个人信息的，构成侵犯公民个人信息罪；非法使用“伪基站”“黑广播”，干扰无线电通讯秩序，构成扰乱无线电通讯管理秩序罪；冒充国家机关工作人员实施电信网络诈骗犯罪的，构成招摇撞骗罪；等等。在本案中，犯罪人冒充警察实施电信网络诈骗犯罪，同时构成诈骗罪和招摇撞骗罪，而冒充警察无论在诈骗罪还是招摇撞骗罪中都是一个从重处罚情节。因此，对犯罪人应依照这两个罪名中处罚较重的犯罪定罪，并且从重处罚。

知识链接

《中华人民共和国刑法》第二百六十六条 诈骗公私财物，数额较大的，处三年以下有期徒刑、拘役或者管制，并处或者单处罚金；数额巨大或者有其他严重情节的，处三年以上十年以下有期徒刑，并处罚金；数额特别巨大或者有其他特别严重情节的，处十年以上有期徒刑或者无期

笔记区

徒刑，并处罚金或者没收财产。本法另有规定的，依照规定。

纠纷解决技巧

近年来，电信网络诈骗活动猖獗，犯罪分子“套路”众多，很多人不小心就掉进了圈套，损失惨重。对普通民众来说，在日常生活中一定要提高辨别力和警惕性，了解一些有关电信网络诈骗的常识，加强对电信网络诈骗的防范。防范电信网络诈骗的一些要点：(1)对陌生电话不回拨，如果真的有人有事找你，他(她)会再打电话。(2)凡是与钱有关的要高度警惕，凡是在电话中谈及你的个人隐私信息，如身份证信息、银行卡账户、密码等，肯定是电信诈骗，请立即挂断电话。(3)别太贪心，收益过高的产品不买，购买理财产品要选择正规的金融机构，如银行、信托机构，还要根据个人情况选择适合自己风险承受能力的产品；也别贪小利，不要接到陌生人的电话说你中奖了，就信以为真。(4)遇到无法辨明真伪的情况，不要冲动，理性应对，例如，接到电话，疑似有家人的哭喊声，或者收到视频，疑似家人在向你求助，要果断报警，在警察的协助下应对。(5)涉及违法犯罪的重要事项，司法机关会与当事人面对面沟通，无论是警察还是检察官、法官，都不可能在电话里办案，更不可能通过电话、网络指导转账，司法机关也没有所谓的“安全账户”。在基层反诈宣传中，尤其要提醒老年人，他们是电信诈骗的“高危人群”。

笔记区

选择题

以下哪种行为不是电信网络诈骗？（　　）①

A. 陌生人打电话说，你中了大奖，交1000元手续费就可以把奖品寄给你

B. 接到“检察官”电话说，你涉及某个经济犯罪案件，你必须把银行卡里的钱转到指定的“安全账户”

C. 接到“理财顾问”电话，推荐一款年收益30%的理财产品给你，数量稀少，先到先得

D. 警察打电话让你到派出所配合调查某事

① 答案：D。

笔记区

测 试 题

1. 下列哪一项不属于我国刑法的基本原则？(　　)

A. 罪刑法定原则

B. 刑法面前人人平等原则

C. 罪责刑相适应原则

D. 主客观相一致原则

2. 在不涉及数罪并罚的情况下，有期徒刑的期限是(　　)。

A. 6 个月以上 15 年以下

B. 6 个月以上 20 年以下

C. 1 年以上 15 年以下

D. 1 年以上 20 年以下

3. 关于故意犯罪，以下说法中错误的是(　　)。

A. 故意包括直接故意与间接故意两种

B. 故意犯罪的认识因素是明知

C. 故意犯罪的意志因素包括希望和放任两种情形

D. 故意只是针对行为的心理态度，不是对危害结果的

心理态度

笔记区

4. 关于刑法中的意外事件，下列说法中错误的是（　　）。

A. 在意外事件情况下，客观上发生了损害结果

B. 在意外事件情况下，行为人同样要负刑事责任

C. 在意外事件情况下，行为人主观上既没有故意，也不存在过失

D. 意外事件中的损害结果是由于不能抗拒或者不能预见的原因所引起的

5. 水管修理工甲在为乙修理水管过程中发现乙的金戒指卡在水管中，于是趁乙不注意时将戒指装入口袋带走。对甲的行为应如何认定？（　　）

A. 甲构成盗窃罪

B. 甲的行为构成入室盗窃

C. 甲构成抢夺罪

D. 甲构成侵占罪

6. 甲在入室盗窃过程中被主人乙发现，为了抗拒抓捕将乙打伤。下列说法中正确的是（　　）。

A. 甲构成盗窃罪，属于未遂

B. 甲构成抢劫罪，属于转化型抢劫

C. 甲构成防卫过当

D. 甲构成盗窃罪与故意伤害罪，应数罪并罚

笔记区

7. 甲欲杀掉结发妻子乙，将毒药放入乙的水杯中，不料药量不足，乙服药后昏迷几小时后又醒了，甲见状用被子蒙住乙的头，导致乙窒息死亡。对甲的行为应如何定性？（　　）

A. 甲的行为构成故意伤害罪

B. 甲的行为构成故意伤害罪与故意杀人罪，应数罪并罚

C. 甲的行为构成故意杀人罪未遂

D. 甲的行为构成故意杀人罪既遂

8. 路人王五想要购买果树，见张三站在一旁便以为张三是果树主人，遂提出购买意向，张三便谎称自己为主人且与王五完成交易，将购树款据为己有。实际上果树归李四所有。对张三的行为应如何认定？（　　）

A. 张三只构成盗窃罪

B. 张三只构成诈骗罪

C. 张三对李四构成盗窃罪，对王五构成诈骗罪

D. 张三对王五不构成犯罪，因为王五并无损失

9. 成年人甲教唆 12 周岁的乙对丙实施抢劫，抢劫过程中，由于丙奋力反抗，乙心想干脆一不做二不休，遂将丙杀害，情节恶劣。下列说法中正确的是（　　）。

A. 乙未满 14 周岁，因此不予追究刑事责任

B. 甲构成抢劫罪的教唆犯，乙构成抢劫罪的实行犯

笔记区

C. 经最高人民检察院核准后，对乙以故意杀人罪追诉，则甲构成故意杀人罪教唆犯

D. 甲构成抢劫罪，因对乙的杀人行为不知情因此乙单独构成故意杀人罪

10. 陈某患有间歇性精神病，某日陈某精神病发作将邻居打成重伤。下列说法中正确的是（　　）。

A. 陈某构成故意伤害罪，应从重处罚

B. 陈某构成过失致人重伤罪

C. 陈某构成故意伤害罪，但应当减轻处罚

D. 陈某行为时不具有刑事责任能力，不承担刑事责任

11. 下列说法中正确的是（　　）。

A. 预备犯不需要承担刑事责任

B. 犯罪行为一旦着手实施，就不可能成立犯罪中止

C. 犯罪未遂造成的危害后果比犯罪中止的后果轻

D. 在犯罪预备阶段与犯罪实行阶段都可成立犯罪中止

12. 李四抢夺张三的挎包，张三被拽倒后受轻伤，李四拿着包跑，张三在后面追，李四在逃跑途中从台阶上跌落摔成重伤。下列说法中正确的是（　　）。

A. 张三的行为属于防卫过当，构成过失致人重伤罪

B. 张三的行为属于正当防卫

C. 李四因张三追赶而逃跑的行为属于紧急避险

D. 因张三追赶导致李四受重伤,因此张三构成故意伤害罪

13. 甲曾受到丙欺负,甲让朋友乙去为自己出气:“打断丙一条腿。”乙在路上意外碰到丙的女友丁,乙遂使用暴力将丁的金项链抢走,以作为对丙的报复。下列说法中正确的是(　　)。

A. 甲不构成犯罪,乙构成抢劫罪

B. 甲与乙一起构成抢劫罪

C. 甲构成故意伤害罪(教唆犯),乙构成抢劫罪

D. 甲与乙一起构成故意伤害罪和抢劫罪

14. 张三为了戏弄李四,交与李四葡萄糖溶液并欺骗李四说是为毒品,怂恿李四贩卖给王五,王五对此知情,假意邀请李四一起注射,李四为表现自己胆大,进行注射。下列说法中正确的是(　　)。

A. 张三和王五构成诈骗罪的共犯

B. 李四构成非法持有毒品罪未遂

C. 张三、王五对李四构成非法持有毒品罪的教唆犯

D. 三人均不构成犯罪

15. 甲为公交车售票员,某天车到终点站,甲在清扫车辆时发现一位乘客把手机落在了座位上,甲将此事告诉了司机乙,乙与甲商量以后,将手机卖掉,二人分赃。对甲、乙的行为应如何认定?(　　)

A. 二人共同构成侵占罪

B. 甲构成盗窃罪,乙构成侵占罪

C. 二人共同构成盗窃罪

D. 甲构成侵占罪,乙构成盗窃罪

16. 下列说法中错误的是(　　)。

A. 二人以上共同过失犯罪,不以共同犯罪论处

B. 组织、领导犯罪集团的是主犯

C. 犯罪集团至少要三人以上

D. 对犯罪集团的犯罪分子,应按集团所犯全部罪行处罚

17. 下列关于罪刑法定原则的观点中,正确的是(　　)。

A. 罪刑法定只约束立法者,不约束司法者

B. 罪刑法定只约束法官,不约束侦查人员

C. 根据罪刑法定原则,行为当时法律没有规定为犯罪的,不得认定有罪

D. 罪刑法定只禁止类推适用刑法,不禁止类推适用习惯法

18. 15 周岁的甲应对下列哪一行为承担刑事责任?(　　)

A. 在人潮拥挤的广场把玩刀具时不慎将路人乙刺成轻伤

笔记区

B. 盗窃数额巨大的财物

C. 参与他人的绑架行为,并对人质实施强奸

D. 春节期间违规燃放烟花爆竹,导致小区失火

19. 以下说法中正确的是(　　)。

A. 为了保护他人的人身安全而制止不法侵害的行为,不成立正当防卫

B. 只要造成他人死亡的结果,就不成立正当防卫

C. 甲拿刀杀乙,二人在搏斗过程中,乙夺刀将甲捅死,乙成立正当防卫,对甲的死亡不负刑事责任

D. 只有在遭到致命暴力犯罪侵害时,才可以实施正当防卫

20. 汪某将购买的老鼠药放在家中一个以前放糖果的瓶子里,忘了告诉 8 岁的儿子,就出门去打麻将,几小时后其儿子误食老鼠药毒发身亡。下列说法中正确的是(　　)。

A. 汪某的行为不构成犯罪

B 汪某构成故意杀人罪

C. 汪某构成过失致人死亡罪

D. 汪某构成遗弃罪和故意杀人罪

21. 下列说法中正确的是(　　)。

A. 盲人犯罪,可以从轻、减轻或者免除处罚

B. 80 周岁以上的人犯罪,可以不追究刑事责任

C. 11 周岁的人杀人的,应追究刑事责任

D. 又聋又哑的人犯罪,可以不追究刑事责任

22. 甲在超市购物时,假装一边扫码付款一边往出口走,实际上未付款便将超市物品带走,数额较大。甲构成(　　)。

A. 诈骗罪

B. 盗窃罪

C. 侵占罪

D. 抢夺罪

23. 王五欠张三的钱没还,张三伙同李四将王五带到某宾馆房间讨要钱款,并以暴力相威胁。下列说法中正确的是(　　)。

A. 张三和李四构成抢劫罪的共同犯罪

B. 张三构成诈骗罪,李四构成抢劫罪

C. 张三和李四成立非法拘禁罪的共同犯罪

D. 张三构成抢劫罪,李四不构成犯罪

24. 下列哪一行为不成立使用假币罪(不考虑数额)?(　　)

A. 甲用假币支付给超市收款员

B. 甲与女友见面时,故意用假币点烟,显示其经济实力

C. 朋友新婚喜宴上,甲用假币塞进红包送给朋友

笔记区

D. 甲用假币支付给父母的赡养费

25. 下列犯罪中，已满 14 周岁不满 16 周岁的人不承担刑事责任的是(　　)。

A. 诈骗罪

B. 故意杀人罪

C. 强奸罪

D. 抢劫罪

26. 下列不属于我国刑法规定的主刑的是(　　)。

A. 拘役

B. 管制

C. 罚金

D. 有期徒刑

27. 甲将超市贵重相机藏入大米中，在收银员不知情时，将大米结账并与相机一起带出超市。下列说法中正确的是(　　)。

A. 甲构成诈骗罪

B. 甲构成侵占罪

C. 甲构成盗窃罪

D. 收银员构成侵占罪

28. 张三欲杀死李四，掐住其脖子后见其不动以为李四已经窒息而死，将“尸体”抛入河中，后李四被路人相救，幸免于死。下列说法中正确的是(　　)。

A. 张三构成过失致人重伤

B. 张三构成故意杀人罪未遂

C. 张三构成故意杀人罪既遂

D. 张三构成故意伤害罪

29. 甲和乙互相打闹，甲趁乙不备将其推倒，乙倒地后当场晕厥，抢救无效死亡。后查明乙患有特殊疾病，甲对此并不知情。对甲的行为应如何认定？（　　）

A. 甲构成过失致人死亡罪

B. 甲对乙的死亡结果持间接故意

C. 意外事件

D. 甲构成故意伤害罪致人死亡

30. 张三因私人恩怨将李四捆绑在某酒店房间，为了防止被人发现，张三捆住李四的四肢并用强黏性胶带同时封住其口鼻，李四窒息死亡。张三构成(　　)。

A. 故意杀人罪

B. 过失致人死亡

C. 非法拘禁罪

D. 故意伤害罪致人死亡

31. 以下犯罪人中不适用死刑的是(　　)。

A. 审判时不满 18 周岁的人

B. 犯罪时怀孕的妇女

C. 审判时已满 70 周岁的人

笔记区

D. 又聋又哑的人

32. 关于罚金的缴纳方式，下列说法中错误的是(　　)。

A. 罚金可分期缴纳

B. 罚金也可以延期缴纳

C. 经法院裁定，罚金可以免除

D. 罚金必须一次性全部缴纳

33. 张三企图取得火车邻座李四的包裹，于是与李四套近乎，假意喝酒聊天，将李四灌醉后拿走其包裹后下车。对张三的行为应认定为(　　)。

A. 盗窃罪

B. 抢劫罪

C. 诈骗罪

D. 抢夺罪

34. 关于累犯，下列说法中错误的是(　　)。

A. 前后两罪都必须是判处有期徒刑以上刑罚

B. 在前罪刑罚执行完毕或者赦免以后 3 年内再犯后罪

C. 对累犯应当从重处罚

D. 不满 18 周岁的人不构成累犯

35. 甲因寻衅滋事罪被捕，在侦查期间主动供述曾经向国家工作人员乙行贿的事实，甲的行为应认定为(　　)。

A. 自首

B. 坦白

C. 立功

D. 准自首

36. 甲犯抢劫罪被判处无期徒刑,并处罚金1万元;犯盗窃罪被判处3年有期徒刑,并处罚金2万元,那么,对甲应如何执行刑罚?（　　）

A. 两罪并罚后,决定执行无期徒刑,并处罚金2万元

B. 两罪并罚后,决定执行无期徒刑,并处罚金3万元

C. 两罪并罚后,决定执行有期徒刑20年,并处罚金3万元

D. 两罪并罚后,决定先执行无期徒刑,待无期徒刑减为有期徒刑后,再增加执行3年有期徒刑,并处罚金3万元

37. 甲乘坐公交车,因坐过站而殴打司机并致其轻微伤。甲构成(　　)。

A. 妨害安全驾驶罪

B. 以危险方法危害公共安全罪

C. 故意伤害罪未遂

D. 交通肇事罪

38. 甲在路边捡到一个弃婴,本想带回家自己养,但仔细查看后发现该婴儿有生理缺陷,遂将其卖出。甲的行为

笔记区

应认定为(　　)。

A. 收买被拐卖的儿童罪

B. 拐卖儿童罪

C. 遗弃罪

D. 拐骗儿童罪

39. 下列说法中正确的是(　　)。

A. 虐待罪和遗弃罪都是告诉才处理

B. 以自己抚养为目的偷盗他人婴幼儿的,不构成犯罪

C. 代替他人参加国家统一法律职业资格考试的,构成犯罪

D. 高空抛物的,一律构成犯罪

40. 以下说法中,正确的是(　　)。

A. 从重处罚是指超过法定刑的限度判处刑罚

B. 饮酒后驾驶机动车的,无论是否发生危害结果,都构成危险驾驶罪

C. 对犯罪的中国公民,也可以适用驱逐出境

D. 不可减刑假释的终身监禁只适用于贪污罪和受贿罪

笔记区

参考答案

1. D	2. A	3. D	4. B	5. A
6. B	7. D	8. C	9. D	10. D
11. D	12. B	13. C	14. D	15. A
16. D	17. C	18. C	19. C	20. C
21. A	22. B	23. C	24. B	25. A
26. C	27. C	28. B	29. C	30. A
31. A	32. D	33. B	34. B	35. D
36. B	37. A	38. B	39. C	40. D